COLEÇÃO
TEOLOGIA PARA TODOS

Marcelo Berti

O cristão pode beber?

O que a Bíblia tem a dizer sobre bebidas alcoólicas

bibotalk

Thomas Nelson
Brasil®

As citações bíblicas são da *Nova Versão Internacional* (NVI), da Biblia Inc., salvo indicação contrária.

Copidesque	Daila Fanny Eugenio
Revisão	Shirley Lima e Giovanna Staggemeier
Design de capa e projeto gráfico	Gabriela Almeida
Diagramação	Joede Bezerra
Ilustração	Guilherme Match

Dados Internacionais de Catalogação na Publicação (CIP)
(BENITEZ Catalogação Ass. Editorial, MS, Brasil)

B461c
1.ed. Berti, Marcelo
O cristão pode beber?: o que a bíblia tem a dizer sobre bebidas alcoólicas/ Marcelo Berti. – 1.ed. – Rio de Janeiro: Thomas Nelson Brasil, 2024.

80 p.; 12 x 18 cm.

ISBN 978-65-5689-923-7

1. Alcoolismo – Aspectos religiosos – Cristianismo. 2. Bebidas alcoólicas. 3. Bíblia – Ensinamentos. 4. Cristianismo – Essência, natureza etc. 5. Princípios bíblicos. 6. Vida cristã. I. Título.

07-2024/128 CDD 248.4

Índice para catálogo sistemático:
1. Bebidas alcoólicas: Princípios bíblicos 248.4
Aline Graziele Benitez – Bibliotecária - CRB-1/3129

Rua da Quitanda, 86, sala 601A - Centro,
Rio de Janeiro/RJ - CEP 20091-005
Tel.: (21) 3175-1030
www.thomasnelson.com.br

Sumário

Prefácio à coleção *Teologia para todos*

Geralmente, quando nos interessamos por algo, alguém, alguma coisa, algum tema, fazemos perguntas sobre isso. Perguntar é um ato de gente interessada — pode ser de gente metida também, eu sei (risos), mas, aqui, estou pensando nessa atitude de maneira positiva. Os discípulos fizeram perguntas para Jesus, que muitas vezes respondeu com outras perguntas. Entre perguntas e respostas, o reino de Deus foi ensinado e aprendido.

Em diálogos honestos e relações saudáveis, perguntas sempre são bem-vindas. Jesus não teve problemas em ser questionado. Paulo escreveu duas cartas respondendo às dúvidas que recebeu da comunidade de Corinto. Aliás, podemos pressupor que, por trás dos escritos do Novo Testamento, estão questionamentos da igreja nascente.

Foi justamente por acreditar que perguntas honestas merecem respostas bíblicas que criamos a coleção *Teologia para todos*. O objetivo é fomentar, por meio de perguntas e respostas, a reflexão sobre temas importantes da fé cristã. Nossa fé foi construída em meio a um povo que experimentou a presença e a revelação divinas. O Antigo e o Novo Testamento são frutos dessa relação e da reflexão sobre quem é Deus e o que ele espera de sua criação.

Sim, Deus espera que seu povo conheça as Escrituras e saiba relacionar a revelação com a rotina! Por isso, os temas dessa coleção estarão sempre permeados pela teologia prática. A ideia central de cada livro é responder a uma pergunta ou inquietação da igreja brasileira, ao mesmo tempo que ensina princípios básicos da doutrina cristã.

Pelo tamanho do livro que você tem em mãos, fica evidente a intenção de que ele seja apenas uma introdução ao assunto da capa. Contudo, os autores e as autoras se esforçaram ao máximo para entregar, de forma sintética e clara, aquilo que é fundamental saber sobre a pergunta que gerou o livro. Para aprender mais, consulte as referências bibliográficas citadas nas notas de rodapé ao longo de cada obra. Ao estudar as fontes que os autores usaram, você pode ir mais longe.

Esperamos profundamente que este livro e todos os demais da coleção *Teologia para todos* inspirem você a viver a fé evangélica de maneira mais sóbria, a fim de que, "se alguém lhes perguntar a respeito de sua esperança, estejam sempre preparados para explicá-la" (1Pedro 3:15).

Rodrigo Bibo
Autor do best-seller *O Deus que destrói sonhos*,
criador do Bibotalk e da EBT — Escola Bibotalk de Teologia.
Casado com a Alexandra e pai da Milena e do Kalel.

Introdução

Um convite à sabedoria

Não é fácil falar sobre bebidas alcoólicas no contexto da responsabilidade cristã. Poucos temas são tão polêmicos quanto esse e, infelizmente, ainda existe muita desinformação sobre o assunto. Beber é pecado ou não? Qualquer bebida alcoólica é proibida ao cristão? O cristão pode beber socialmente? É correto o cristão ingerir bebidas destiladas? Essas e tantas outras perguntas demandam respostas.

Sem qualquer pretensão de dar uma resposta definitiva a essas questões, minha intenção neste livro é apresentar a evidência bíblica sobre um assunto extremamente controvertido. Nesse sentido, talvez a primeira pergunta a ter uma resposta seja: Por que escrever um livro sobre a relação entre cristão, Escritura e bebidas alcoólicas? Esse é um assunto polêmico e abordá-lo é bem arriscado. Talvez, por isso mesmo, muitos líderes cristãos evitem se pronunciar sobre o tema. Entretanto, apesar de saber que existem certos riscos associados a essa iniciativa, considerei prudente escrever sobre a relação entre cristãos e bebida alcoólica por algumas razões.

Em primeiro lugar, acredito que o assunto é pouco estudado em comunidades cristãs. Diante de tantos temas considerados mais importantes e nobres, poucos pastores e líderes eclesiásticos dedicam seu tempo a uma análise abrangente dessa questão.

Em segundo lugar, percebo que o tema é frequentemente evitado em nossas igrejas. Em muitas delas, o consumo de bebidas alcoólicas é pecaminoso, e qualquer discussão sobre o assunto é condenada ao fracasso. No entanto, questiono sinceramente se essa abordagem é saudável para a igreja e se contribui para o desenvolvimento da maturidade cristã.

Em terceiro lugar, creio que a desinformação bíblica sobre o assunto tende a criar dois monstros, ambos igualmente nocivos para o desenvolvimento cristão: o *legalismo* e a *libertinagem*. Afinal, a falta de reflexão sobre o que a Escritura realmente afirma sobre determinado aspecto da moralidade cristã tende a levar o crente imaturo a um dos extremos, e esses dois polos nocivos devem ser evitados a todo custo.

Por fim, acredito que é fundamental apresentar evidências bíblicas de que a Escritura nem sempre acompanha a opinião da maioria evangélica do nosso país. É necessário, portanto, combater a desinformação bíblica sobre o assunto.

Desse modo, escrevo este livro para auxiliar o leitor a investigar o que as Escrituras *realmente* ensinam sobre a relação entre o cristão e a bebida alcoólica, com o propósito de combater tanto o legalismo como a libertinagem. Como nossa discussão baseia-se sobretudo no texto bíblico, falaremos sobre o vinho, que é a bebida mencionada nas Escrituras. Contudo, as conclusões extraídas da discussão servem também para o consumo de outros tipos de bebida.

Embora escrito em poucas páginas, este livro condensa minha reflexão a respeito dos termos gregos e hebraicos usados no Antigo Testamento (AT) e no Novo Testamento (NT) em relação ao consumo do vinho na Escritura. Em função disso, não escrevi um guia ético ou cultural de como o cristão deve se portar nos dias de hoje em relação a esse consumo, mas uma síntese de como hebreus e cristãos compreendiam e utilizavam o vinho.

Minha intenção é guiá-lo pelo texto da Escritura, explorando os dilemas hermenêuticos e culturais de textos relevantes sobre a questão. Como faço isso em poucas páginas, peço que você tenha uma Bíblia por perto, pois, na maioria das vezes, em vez de citar um versículo por extenso, vou apenas apresentar as referências.

DIFERENTES OPINIÕES SOBRE O ASSUNTO

Apesar de defender que o ensino da Escritura é claro nesse sentido, reconheço que existem diferentes respostas à questão do crente no que diz respeito à bebida alcoólica que, a meu ver, se resumem em quatro perspectivas.

A mais conhecida delas é defendida pelos *proibicionistas*, que entendem que a Escritura proíbe o consumo de qualquer tipo de bebida alcoólica, sustentando que o vinho mencionado na Bíblia não continha álcool. Para eles, portanto, quando a Escritura elogia o vinho, trata-se de suco de uva; e, quando o condena, se refere à bebida fermentada. Nessa perspectiva, o suco de uva é uma bênção divina; o vinho, uma maldição humana.

Os *abstêmios* entendem que a autoprivação de bebida alcoólica é a melhor alternativa para a prática cristã. Para eles, a Escritura não proíbe o consumo de bebidas alcoólicas, mas essa é uma *opção* que o cristão pode abraçar. Os abstêmios entendem que o vinho, na Bíblia, é uma bebida fermentada, e que o elogio ou a crítica que a Escritura faz ao vinho estão relacionados ao uso que se faz dele. Assim, os abstêmios, embora reconheçam que o vinho pode ser uma bênção de Deus, preferem não consumi-lo.

Os *moderados* entendem que o consumo ponderado de bebidas alcoólicas é *autorizado* por Deus. Eles concordam com os abstêmios, no sentido de que, na Escritura, o vinho é uma bebida fermentada, e que as críticas e os elogios estão relacionados à forma de consumo do vinho, e não a dois tipos de bebida. De um modo diferente dos abstêmios, entretanto, os moderados defendem que o vinho pode ser recebido como uma dádiva de Deus quando consumido de acordo com a sabedoria divina, mas pode ser uma maldição em caso de embriaguez ou dependência.

Por fim, os *libertinos* não têm compromisso com o ensino da Escritura. São pessoas imaturas e rebeldes que falham em apresentar qualquer raciocínio teológico que dê suporte à sua conduta. Eles interpretam a liberdade cristã de modo equivocado e dão ocasião ao pecado. Esse grupo viola não apenas a conduta moral esperada do cristão, mas também o testemunho esperado de um filho de Deus. Faltam com sabedoria perante a sociedade, com amor diante dos irmãos e com prudência em relação a si mesmos. Eles também ignoram a incompatibilidade dessa perspectiva com o evangelho. Para os libertinos, a bênção divina só pode ser encontrada em sua visão infantilizada da liberdade cristã, e qualquer ensino contrário a isso seria nada mais do que uma forma de legalismo, que eles consideram a verdadeira maldição humana. Essa é a mais reprovável de todas as posições conhecidas, e os que optam por essa perspectiva ignoram as claras advertências bíblicas a respeito da embriaguez e do consumo excessivo do vinho.

Ao examinar a Escritura, notamos que duas dessas perspectivas encontram apoio no ensinamento bíblico, enquanto as outras duas são refutadas. As opções respaldadas pela Escritura não são a proibição e a libertinagem, mas, sim, a abstinência e a moderação. Tanto os abstêmios como os moderados concordam que o problema não está propriamente no consumo do vinho, mas na embriaguez. Ambos reconhecem a importância da sobriedade na vida cristã, mas abordam essa questão de maneiras distintas: enquanto os abstêmios optam por viver sem o vinho, os moderados buscam uma sobriedade equilibrada, exercendo domínio próprio.

No entanto, apenas a moderação, quando corretamente compreendida, se alinha com três princípios fundamentais ensinados pela Escritura:

- Reconhecer o vinho como uma dádiva divina;
- Receber o vinho como uma dádiva divina;
- Comprometer-se com a sobriedade diante dos perigos associados à indulgência.

Esses princípios são observados apenas pelos moderados. Os proibicionistas erram ao negar que o vinho é uma dádiva divina; os abstêmios evitam desfrutar essa dádiva; e os libertinos pecam ao se entregarem à indulgência sem restrições. Portanto, a moderação é a alternativa mais bem alinhada com o ensino apresentado na Escritura.

Afirmar que o consumo moderado de vinho é abençoado por Deus pode soar absurdo para muitos. Entretanto, acredito que existem evidências suficientes na Escritura para apoiar essa visão. Também creio que é saudável o cristão pensar sobre o assunto do ponto de vista da maturidade, não para debater pontos de vista, nem mesmo para adotar a perspectiva que eu apresento, mas para aprender a dialogar sobre nossas diferenças de maneira saudável, madura e prudente. Espero que este livro possa ajudar você a fazer isso.

E aí!? Preparado para iniciar uma jornada de estudo da Escritura?

CAPÍTULO 1

O vinho da Bíblia era fermentado?

Nunca me esqueci de uma interação que, certa vez, tive com um pastor no Norte do Brasil. Eu havia terminado meu curso de bacharel em Teologia e estava trabalhando com os voluntários de um acampamento para crianças e adolescentes. Durante o treinamento, conversávamos sobre muitas coisas, em particular, como lidar com adolescentes que tinham problema com álcool.

Em uma das conversas entre os equipantes no dormitório, o comentário desse pastor me chamou muito a atenção. De acordo com ele, a Escritura *proibia* o consumo de qualquer bebida alcoólica e, por isso, deveríamos confrontar os adolescentes com essa perspectiva. Perguntei-lhe como ele entendia as ocasiões em que a Escritura falava do consumo de vinho. Foi então que ouvi algo que, até aquele momento, eu acreditava existir apenas no mundo da imaginação. De acordo com aquele pastor, o vinho da Bíblia não tinha álcool!

Como acontece em praticamente qualquer área do estudo teológico, nem todos concordam a respeito desse assunto. A principal razão para a diferença de opinião está na *dualidade* do vinho na Escritura. Existem tanto declarações positivas como negativas acerca do vinho na Bíblia, e nem sempre seus estudiosos concordam em como explicar essa dupla opinião. A pergunta que muitos fazem é: Como a Escritura pode elogiar e condenar o vinho ao mesmo tempo?

Para alguns, a melhor explicação está no fato de haver dois tipos de bebida feitos a partir da uva: um *não fermentado* (positivo) e outro *fermentado* (negativo). A maioria dos artigos encontrados na internet parte do pressuposto de que, quando os santos do AT e do NT bebem vinho, na verdade, estavam tomando suco de uva. Desse modo, a perspectiva positiva sobre a bebida seria, na verdade, em relação ao suco de uva, ao passo que a condenação se referiria ao vinho.

Para outros, o vinho apresentado na Escritura é alcoólico, e é possível sugerir um teor alcoólico diferente para cada vinho mencionado na Bíblia. O juízo de valor que a Escritura faz em relação à bebida diz respeito ao uso: *sobriedade* (positiva) e *embriaguez* (negativa).

Por essa razão, precisamos conhecer em mais detalhes o vinho apresentado ao longo do texto bíblico. Proponho, portanto, uma leitura do AT e do NT a partir de uma perspectiva histórico-gramatical, ou seja, vamos observar ao mesmo tempo os aspectos históricos e linguísticos para, então, compreender se o vinho mencionado pela Bíblia era alcoólico ou não.

O VINHO NO ANTIGO TESTAMENTO

No Antigo Testamento, o pão, o azeite e o vinho compunham a mesa em Israel e eram a tríade da alimentação básica dos hebreus. Enquanto o pão era considerado essencial (Gn 3:19; 19:3; Êx 13:6; Sl 136:25; 147:9), e o azeite, necessário (1Rs 17:12-16), o vinho era reconhecido como um item de luxo. Embora fosse encontrado em refeições ordinárias (1Sm 16:20; 25:18), não era um alimento de sustento, como pão e azeite. Sua principal função era trazer alegria (Jz 9:13) e, por isso, era normalmente associado a celebrações (2Sm 3:20). A provisão das condições climáticas necessárias à produção de vinho era reconhecida como generosidade divina (Dt 11:14-15), de modo que a presença de vinho nas casas era uma demonstração das ricas bênçãos divinas (Dt 28:1-2). Em Israel, portanto,

A presença de vinho nas casas era uma demonstração das ricas bênçãos divinas.

os santos reconheciam que era Deus quem lhes dava o vinho para celebrar a vida em sua presença. Não é à toa que eles, desde cedo na história, tenham se dedicado para cultivar uvas.

No contexto do Oriente Médio Antigo, o vinho era produzido a partir de uvas de parreiras (*Vitis vinifera*), embora houvesse bebidas fermentadas feitas a partir de outras frutas. De acordo com o AT, as vinhas eram uma marca distintiva da terra de Canaã (Nm 16:14; Dt 8:8; Js 24:13). Com frequência, a hospitalidade era simbolizada pela oferta de vinho, como fez o rei cananeu de Salém, Melquisedeque, ao receber Abrão (Gn 14:18). A planície de Jezreel (1Rs 21:1-7), o vale do Jordão e a região de En-Gedi, nas proximidades do mar Morto (Ct 1:14), eram locais propícios ao cultivo de uvas, em razão de seu clima mais quente, que acelerava o amadurecimento da fruta. Vale lembrar que, na região de Hebrom, os espias enviados por Moisés para sondar a terra encontraram grandes cachos de uvas usados para a produção do vinho local (Nm 13:23).

Em Israel, o processo de produção de vinho seguia um padrão semelhante ao de outras culturas do Oriente Médio Antigo, e a plantação das vinhas era tão importante que, de acordo com a lei mosaica, quem plantasse uma vinha e ainda não tivesse colhido seus frutos, estava isento do serviço militar (Dt 20:6). A colheita normalmente acontecia entre agosto e setembro e, algumas vezes, os cachos eram expostos ao sol por até duas semanas, com o fim de aumentar a quantidade de açúcar nos frutos. Na sequência, eram esmagados, tanto por pessoas (Is 16:10; Jr 48:33) como por pedras de moinho ou instrumentos de madeira (Is 5:2; 63:3; Jr 48:38; Ag 2:16). O líquido obtido nesse processo é chamado de "mosto", o estágio inicial da vinificação da uva.

A fermentação poderia começar já na fase da prensa, devido ao calor e ao tempo gasto para concluir o processo (Jr 48:11),[1] e era notada pela presença de espuma (Sl 75:8). A fermentação atingia o pico entre seis e doze horas, e diminuía para um processo mais lento, que durava de dois a cinco dias. No contexto da viticultura

---

1 PANTOJA, Jennifer Metten. *The Metaphor of the Divine as Planter of People*: Stinking Grapes or Plesant Planting? Biblical Interpretation Series 150. Leiden: Brill, 2017. p. 87-95.

de Israel, estima-se que o teor alcoólico do vinho não ultrapassaria 14%, algo bem próximo dos vinhos de nossos dias.[2] A forma mais alcoólica de vinho no AT, a saber, o *shekar*, tem sua graduação alcoólica estimada em 15%.[3]

O hebraico possui diversos termos para se referir ao vinho. Em nossa análise, vamos classificar esses termos de acordo com seu *teor alcoólico*. Ou seja, considerando todo o processo de produção do vinho e sua inevitável fermentação, vamos organizar os termos e expressões de acordo com a categorização clássica empregada pelos antigos judeus, que entendiam que as três palavras mais usadas no AT descreviam o vinho em diferentes estágios de fermentação: *tirosh* representa o vinho novo; *yayin*, o vinho maturado; e *shekar*, o vinho forte.[4] Com base nessa classificação, vamos organizar todos os demais termos de acordo com os estudos etimológicos e léxicos oferecidos por especialistas em vinho no mundo antigo, e em consonância com os mais importantes dicionários e léxicos dos nossos dias.[5]

- *'anavim wa'eschat* (suco de uva): O termo usado na Escritura para se referir a uvas é *'enav* (plural: *'anavim*). O verbo *wa'eschat* (raiz *sachat*) descreve o processo de prensar a uva para produzir bebida (veja Gn 40:11). Assim, a expressão *'anavim wa'eschat* significa um líquido recém-produzido, o que não pode ser outra coisa senão suco de uva.[6]

---

2 WALSH, Carey Ellen. *The Fruit of the Vine*: Viticulture in Ancient Israel. Harvard Semitic Monographs 60. Cambridge: Harvard Semitic Museum, 2000. p. 187-90.

3 MCGOVERN, Patrick E. *Ancient Wine*: The Search for the Origins of Viniculture. Princeton Science Library. Nova Jersey: Princeton University Press, 2019. p. 236.

4 HIRSCH, Emil G. "Wine". In: SINGER, Isidore (org.). *The Jewish Encyclopedia*: A Descriptive Record of the History, Religion, Literature, and Customs of the Jewish People from the Earliest Times to the Present Day. Nova York; Londres: Funk & Wagnalls, 1901-1906, 12: 532-3.

5 Considere os seguintes estudos: SASSON, Jack M. "The Blood of Grapes: Viticulture and Intoxication in the Hebrew Bible". In: MILANO, L. (org.). *Drinking in Ancient Societies*: History and Culture of Drinks in the Ancient Near East. Padova: Sargon Srl, 1994, p. 411-9; BROWN, John P. "The Mediterranean Vocabulary of the Vine", *Vetus Testamentum* n. 19, 1969, p. 147-51; FRANKEL, Raphael. *Wine and Old Production in Antiquity in Israel and Other Mediterranean Countries*. Sheffield, England: Sheffield Academic Press Ltd., 1999.

6 KOEHLER, Ludwig et al. *The Hebrew and Aramaic Lexicon of the Old Testament*. Leiden: Brill, 1994-2000. p. 851; GESENIUS, Wilhelm. *Gesenius' Hebrew and Chaldee Lexicon to the Old Testament Scriptures*. Bellingham: Logos Bible Software, 2003. p. 641; BOTTERWECK G. Johannes; RINGGREN Helmer; FABRY, Heinz-Josef (eds.). *Theological Dictionary of the Old Testament*. Trad. de David E. Green. Grand Rapids, Cambridge: Eerdmans, 2001. s. v. "עֵנָב", p. 211.

- *tirosh* (vinho novo): O vinho novo é uma referência à parte mais recente da safra de vinho e representa o vinho recém-produzido no lagar, contendo, provavelmente, algum teor alcoólico, levando em consideração que o suco poderia começar a fermentar enquanto ainda estivesse no lagar. Até onde se tem conhecimento, o processo de fermentação do vinho não era refreado no mundo antigo, e é bem possível que isso fosse impossível no período do AT.[7] O vinho novo era um símbolo da bênção divina para aqueles que viviam de acordo com as estipulações da aliança (Pv 3:9-10).

O vinho novo era um símbolo da bênção divina para aqueles que viviam de acordo com as estipulações da aliança.

- *'asis* (vinho suave): O termo descreve um tipo de vinho que, como o *tirosh*, não havia passado pelo processo completo de fermentação. Por essa razão, ele pode ser considerado doce ou suave. Contudo, diferente do *tirosh*, o *'asis* representa uma bebida mais forte e inebriante (Is 49:26).[8] Esse vinho seria descrito de forma mais apropriada como "suave", em função de seu alto teor de açúcar ainda não fermentado.
- *mamethaqqim* (vinho doce): O substantivo hebraico *mathoq* é usado para indicar "doçura", literalmente como figos (Jz 9:11) e maçãs (Ct 2:3) ou, metaforicamente, como

---

[7] Alguns autores posteriores como Josefo (*Wars* 7.8.4), Marcus Cato (*On Agriculture* 120. 1), Plínio (*Natural History* 14.1.83) e Columela (*On Agriculture* 12. 29.1) descrevem técnicas que preservavam o vinho novo por mais tempo. Entretanto, além de desconhecidos no período do AT, nenhum desses procedimentos impediria o processo de fermentação, pois sua principal função era retardá-lo.

[8] HARRIS, R. Laird; ARCHER JR., Gleason L.; WALTKE, Bruce K. (eds.). *Theological Wordbook of the Old Testament*. Chicago: Moody, 1999. s.v. "עָסַס", p. 686; VANGEMEREN, Willem (org.). *New International Dictionary of Old Testament Theology & Exegesis.* Grand Rapids: Zondervan, 1997. s.v. "עָסַס", p. 470; ROSS, J. F. "Wine". In: BUTTRICK G. et al. (orgs.). *The Interpreter's Dictionary of the Bible*. Nashville: Abingdon, 1962, n. 4. p. 849; SWANSON, James. *Dictionary of Biblical Languages with Semantic Domains*: Hebrew (Old Testament). Oak Harbor: Logos, 1997.

uma boa amizade (Pv 27:9) ou uma boa noite de sono (Ec 5:12). Derivado de *mathoq*, *mamethaqqim* traduz o que é doce ou agradável, ou uma espécie de bebida reconhecida por sua doçura (Ne 8:10).

- *hamar* (vinho fermentado): Esse termo aramaico é o mais próximo do hebraico *yayin* (veja a seguir). Era um vinho usado como oferta de libação, vendido em contextos comerciais e frequentemente consumido na região siro-palestina.[9] Uma das imagens associadas a essa bebida é a espuma, o que indica fermentação em estágio avançado. Por essa razão, algumas vezes o termo é traduzido por "vinho espumante".
- *yayin* (vinho maturado): Esse é o termo mais usado no AT para "vinho". No que se refere ao teor alcoólico, os léxicos não apresentam controvérsia quanto a ser um vinho claramente inebriante.[10]
- *dam-'anavim* (vinho tinto): Algumas passagens bíblicas sugerem que, em Israel, se produzia um vinho descrito como vermelho (Pv 23:31), como se fosse "sangue de uvas" — esse, aliás, é o sentido da expressão *dam-'anavim* (Gn 49:11; Dt 32:14). Em nenhum lugar no AT é mencionado o vinho branco, embora ele seja citado nos escritos rabínicos posteriores.
- *moskhah yayin* (vinho misturado): O vinho também era frequentemente misturado com mel ou outras especiarias, a fim de deixá-lo mais forte ou saboroso. Essa bebida era conhecida como "vinho misturado" (Sl 75:9; Pv

---

[9] GZELLA, Holger et al. (ed.). *Aramaic Dictionary. Theological Dictionary of the Old Testament*. Trad. de Mark E. Biddle. Grand Rapids: Eerdmans, 2018. s.v. "חמר", p. 291.

[10] BROWN, Francis; DRIVER, Samuel Rolles; BRIGGS, Charles Augustus. *Enhanced Brown-Driver-Briggs Hebrew and English Lexicon*. Oxford: Clarendon, 1977. p. 406; GESENIUS. *Gesenius' Hebrew and Chaldee Lexicon to the Old Testament Scriptures*, p. 347; KOEHLER et al. *The Hebrew and Aramaic Lexicon of the Old Testament*, p. 409-10; HOLLADAY, William Lee; KÖHLER, Ludwig. *A Concise Hebrew and Aramaic Lexicon of the Old Testament*. Leiden: Brill, 2000. p. 134; CLINES, David J. A. (ed.). *The Dictionary of Classical Hebrew*. Sheffield: Sheffield Academic Press; Sheffield Phoenix Press, 1993-2011, n. 4, p. 206-9; HARRIS et al. *Theological Wordbook of the Old Testament*. s.v. "יַיִן", p. 375-6.

9:2,5; 23:30; Is 65:11). Seu uso era aprovado e comum em Israel. Outro termo semelhante é *mezeg*, também traduzido por "vinho misturado" (Ct 7:2). Contudo, quando o vinho era misturado com mirra, seu efeito era intoxicante, e não era visto com bons olhos pelo povo de Deus (cf. Sl 60:3; Is 51:17,22). Outros dois termos são utilizados no texto hebraico para o vinho misturado: *mamsak*, uma bebida perigosa em função de seu elevado teor alcoólico (Pv 23:30; cf. Is 65:11); e *sove*, uma bebida alcoólica aprovada por Deus (Is 1:22), mas normalmente associada à embriaguez (Os 4:18; Na 1:10).

- *shemarim* (vinho envelhecido): Em Israel, preferia-se o vinho envelhecido ao vinho novo, pois era considerado melhor. *Shemarim* se refere ao vinho fortificado por resíduos deixados na bebida após a fermentação. Ele era coado antes de beber, e era límpido e forte, ou seja, um bom vinho.[11]
- *shekar* (vinho forte): Esse é o vinho mais alcoólico do AT. Seu potencial inebriante é reconhecido em diversas passagens da Bíblia hebraica (Pv 20:1; Is 5:11,22; 27:8; 56:12;), mas seu consumo não era vetado ao povo de Israel. Na verdade, seu uso é recomendado pelo próprio Senhor (Dt 14:26). Esse vinho deveria ser consumido na presença de Deus, como uma parte da celebração. Em geral, o termo é traduzido em português por "bebida forte".
- *hamets* (vinho azedo): Esse termo, também traduzido por "vinagre", indica uma bebida que já perdeu todo o seu dulçor. O vinho se torna vinagre quando entra em contato direto com o ar, o que faz o álcool da bebida oxidar. Como não existiam recipientes impermeáveis, o vinho do mundo antigo frequentemente azedava. Esse vinho azedo poderia ser diluído em água, para servir como uma entrada

---

[11] OSWALT, John N. *The Book of Isaiah, Chapters 1–39*. The New International Commentary on the Old Testament. Grand Rapids: Eerdmans, 1986. p. 464.

em uma refeição comum (Rt 2:14), mas já não seria mais consumido como bebida (Nm 6:3). Por isso a ideia de matar a sede com vinagre era reconhecida como um ato de crueldade (Sl 69:22).

O VINHO NO NOVO TESTAMENTO

Diferente do hebraico bíblico, o grego neotestamentário tinha poucos termos relacionados ao vinho, embora existissem muitas palavras para a bebida de uva não alcoólica. No período em que o NT foi escrito, gregos e romanos haviam descoberto formas de retardar a fermentação da uva. Como resultado, novas terminologias foram empregadas para designar o suco. Apesar disso, o NT não emprega nenhum desses termos, e menciona poucas vezes o vinho. Mas vale ressaltar que, se os autores neotestamentários tivessem a intenção de falar de suco de uva, teriam à sua disposição termos específicos para fazê-lo, como *trux*, *chulós*, *stuphelós*, *borós*, *proouron*, *omphakion* ou até mesmo a expressão *ampelou roé*.[12]

Entre os termos utilizados no NT, vamos observar os quatro que se referem a bebidas derivadas da uva. O termo *potërion* (copo), usado no contexto da Ceia do Senhor, bem como a expressão *genēma ho ampelos* (fruto da vide), serão analisados no terceiro capítulo.

- *gleukós*: Esse termo é usado apenas uma vez em todo o NT, em uma zombaria contra os discípulos no Pentecostes: "Alguns, todavia, zombavam deles e diziam: 'Eles beberam vinho [*gleukós*] demais'" (At 2:13). Ele é, contudo, amplamente conhecido na língua grega. Na época, era utilizado para se referir a um vinho doce ou a um tipo de bebida de uva pouco alcoólica, algumas vezes traduzida

---

12 BEEKES, Robert; LUBOTSKY, Alexander (orgs.). *Etymological Dictionary of Greek, Leiden Indo-European Etymological Dictionary Series*. Leiden, Boston: Brill, 2010). p. 1512-3; MOULTON, James Hope; MILLIGAN, George. *The Vocabulary of the Greek Testament*. Londres: Hodder and Stoughton, 1930. p. 643-4; MONTANARI, Franco; GOH, Madeleine; SCHROEDER, Goh (orgs.). *The Brill Dictionary of Ancient Greek*. Leiden, Boston: Brill, 2015; LIDELL, Henry George; SCOTT, Robert; JONES, Henry Stuart; MCKENZIE, Roderick (orgs.). *A Greek-English Lexicon*. Oxford: Clarendon Press, 1996.

por "vinho novo" ou "mosto". Ao que parece, os espectadores do Pentecostes entenderam a glossolalia como resultado da embriaguez causada pelo consumo exagerado de bebida alcoólica.[13]

- *oinós*: Esse é o termo grego mais utilizado no NT para "vinho". Nos escritos neotestamentários, a referência é sempre à bebida de uva com teor alcoólico, mas, na literatura clássica, poderia descrever a cerveja, o vinho de palma, de lótus ou o hidromel. Quando o termo é usado sozinho, isto é, não associado a outro substantivo, significa "vinho".
- *oxós*: Esse termo pode ser traduzido por "vinagre". Em função do preço mais acessível, essa bebida era comumente apreciada pelas castas mais pobres da sociedade. Curiosamente, essa foi a bebida oferecida a Cristo Jesus na cruz (Mt 27:48; Mc 15:36; Lc 23:36; Jo 19:29-30).
- *síkera*: É o termo grego que traduz o hebraico *shekar*, uma bebida de alto teor alcoólico. No NT, o termo é usado apenas uma vez, ao caracterizar o papel de João Batista como predecessor de Jesus: "Ele nunca tomará vinho [*oinós*] nem bebida fermentada [*síkera*]" (Lc 1:15). Esse termo claramente descreve uma bebida alcoólica que, em outras ocasiões, era permitida aos judeus. Se não fosse inebriante, a ordem de abstinência não faria sentido.

CONCLUSÃO

Como vimos, a Escritura, tanto no AT como no NT, apresenta uma visão bem diferente da defendida pelos proibicionistas. A evidência histórica e lexical apresentada demonstra com clareza que o vinho citado na Bíblia era fermentado e, como veremos, aprovado

---

[13] BRUCE, F. F. *The Book of the Acts*: The New International Commentary on the New Testament. Grand Rapids: Eerdmans, 1988. p. 59; POLHILL, John B. *Acts*. The New American Commentary. Nashville: Broadman & Holman, 1992, v. 26. p. 104; FITZMYER, Joseph A. *The Acts of the Apostles*: A New Translation with Introduction and Commentary. Anchor Yale Bible. New Haven; Londres: Yale University Press, 2008, v. 31. p. 243-4.

por Deus. O erro dos proibicionistas está em importar suas preferências à interpretação do texto, criando um vinho não fermentado a partir de traduções equivocadas dos termos, algo que a evidência textual disponível demonstra ser impossível.

CAPÍTULO 2

Os santos bebiam vinho?

Existem muitas evidências no AT de que o vinho fazia parte da vida comum e religiosa de Israel, e era também um símbolo teológico. Aliás, a ilustração do vinho na futura intervenção de Deus no mundo se tornou um importante símbolo no AT, um tema que prepara a vida e o ministério de Jesus nos Evangelhos.

VINHO COMO BÊNÇÃO DIVINA

De acordo com a perspectiva teológica do AT, o que a terra produzia era uma evidência da generosidade divina ao prover sustento essencial para seu povo (Gn 1; Sl 8, 19, 29, 148).[1] A provisão de Deus era fundamental para que os santos do passado cultivassem a terra, pois não excluía o trabalho humano (Gn 2:5,15). Entre os frutos do trabalho humano está o vinho, "que alegra o coração do homem" (Sl 104:15).

A expressão *alegrar o coração* pode ser usada como eufemismo para embriaguez (Jz 16:25; 1Sm 25:36; 2Sm 13:28; Et 1:10), bem como para descrever o efeito positivo e esperado do vinho, um tipo de alegria que precede a embriaguez (Rt 3:7; Ec 3:13; 5:19; 7:14; 9:7; 10:19). Considerando que o vinho era símbolo de celebração, pode-se compreender que ele foi dado por Deus para produzir essa alegria. Assim, o Senhor é quem provê os meios necessários para a sobrevivência (azeite, pão) e para a celebração da vida (vinho).

---

[1] ALLEN, Leslie C. *Psalms 101–150*. Word Biblical Commentary. Dallas: Word Inc., 2002, v. 21. p. 39; ROSS, Allen P. *A Commentary on the Psalms (90–150)*: Commentary. Kregel Exegetical Library. Grand Rapids: Kregel Academic, 2016, v. 3. p. 245-6.

A Torá apresenta Deus como o responsável pelas condições climáticas que ofereceriam sucesso aos empreendimentos agrícolas da nação (Dt 11:14-15). Pouca chuva seria certamente um sério problema para produzir uvas em Israel (Am 4:7), do mesmo modo que muita chuva poderia destruir as plantações (1Sm 12:15-18; Pv 28:8).[2] Em outras palavras, em sua providência e bondade, o Senhor oferece a seu povo todos os requisitos necessários para a boa produção do vinho novo, desde as chuvas adequadas até a abundância das uvas (Dt 7:13-14).

A manifestação da benevolência divina é apresentada como a fiel resposta do Senhor à obediência do povo (Dt 7:12-13; 11:1-13). Isso demonstra que a presença do vinho novo em Israel era condicionada à sua fidelidade (Lv 26:1-13).

Por isso, em Israel, a ausência de uva, vinha e vinho era um marcador da maldição divina (Dt 28:15). Entre as maldições decorrentes da desobediência, estavam a ausência de prosperidade (Dt 28:16-17) e o fracasso na plantação (v. 18). De acordo com Deus, sem obediência aos seus mandamentos, os hebreus seriam "amaldiçoados em tudo o que fizerem" (v. 19). O povo "plantará uma vinha, mas não provará dos seus frutos" (v. 30b).

Tal ausência seria uma tragédia para a vida espiritual dos santos do passado. Como o vinho era frequentemente usado no templo, a prática e a continuidade dos rituais religiosos de Israel se dariam apenas no contexto de obediência e fidelidade à lei. Os profetas contam que, diante da infidelidade do povo, o Senhor cumpriu sua promessa e retirou o vinho deles, demonstrando que a falta resultava do caos espiritual da nação.[3]

Em alguns momentos, as promessas futuras de Deus são apresentadas como uma grande celebração ou um grande banquete. A expectativa escatológica de Israel incluía símbolos que reforçavam o vinho como dádiva divina. A imagem de *fertilidade* é recorrente entre os profetas, como um anúncio da restauração futura

[2] MILGROM, Jacob. *Leviticus 23–27*: A New Translation with Introduction and Commentary. Anchor Yale Bible. New Haven; Londres: Yale University Press, 2008, v. 3B. p. 2293.

[3] ALLEN, Leslie C. *The Books of Joel, Obadiah, Jonah, and Micah*. The New International Commentary on the Old Testament. Grand Rapids: Eerdmans, 1976. p. 53.

A expectativa escatológica de Israel incluía símbolos que reforçavam o vinho como dádiva divina.

(Ez 34:26; 36:30; 47:12). Naquele dia, a fertilidade da terra fará com que não exista intervalo entre o plantar e o colher, pois as árvores serão sustentadas pela água que emana do próprio templo.[4] Nesse mundo renovado, a produção de vinho será abundante (Jl 3:18). Para uma nação que havia experimentado a privação do vinho como sinal da maldição divina, esse dilúvio de vinho novo certamente os faria esquecer de suas dores (cf. Am 9:13-14).

A imagem da *festividade* produzida pelo vinho também aparece na expectativa escatológica do AT. Quando a restauração do mundo acontecesse, o Senhor diria ao seu povo: "Venham, todos vocês que estão com sede, venham às águas; e vocês que não possuem dinheiro algum, venham, comprem e comam! Venham, comprem vinho e leite sem dinheiro e sem custo" (Is 55:1). Nesse texto, o profeta Isaías apresenta a nova era nos termos daquilo que acontecia nos dias de Moisés, período em que o povo se juntava no tabernáculo para experimentar a colheita e louvava o Senhor por sua felicidade, comendo e bebendo as primícias. Naquele dia futuro, o próprio Senhor convidará seu povo para celebrar o banquete. Além disso, o convite à festividade é aberto a todos, inclusive àqueles que não têm recursos.[5] Em outras palavras, o banquete escatológico será ainda maior que o banquete apresentado na Torá, e haverá abundância de vinho!

A expectativa dessa festividade é bem capturada pelo profeta Isaías, que diz: "Neste monte o Senhor dos Exércitos preparará um farto banquete para todos os povos, um banquete de vinho envelhecido, com carnes suculentas e o melhor vinho" (Is 25:6). Em contraste com a alimentação à base de água e pão dos dias do

---

4 HALS, Ronald M. *Ezekiel. The Forms of the Old Testament Literature*. Grand Rapids: Eerdmans, 1989, v. 19. p. 339.

5 WATTS, John D. W. *Isaiah 1–33*. Edição revisada. Word Biblical Commentary. Nashville: Thomas Nelson, 2005, v. 24. p. 389.

profeta (21:14), o Senhor promete vinho envelhecido e carne de qualidade.[6] A expectativa do profeta é que o banquete escatológico seja uma festa nos moldes dos luxos do mundo antigo.[7]

O VINHO NA RELIGIÃO DE ISRAEL

Por ser reconhecido como dádiva divina e presente de Deus para a nação, o vinho foi incluído na vida religiosa de Israel. Tanto a agenda como o calendário religioso da nação dependiam da presença de vinho. A vida religiosa de Israel não era centrada no vinho, mas na adoração ao Senhor no templo. Contudo, muitas atividades religiosas dependiam do vinho para sua realização.

As libações (oferta de bebidas) faziam parte dos sacrifícios diários (Êx 29:41; Nm 28:7-8), semanais (Nm 28:9-10) e mensais (Nm 28:14) de Israel. Eram um tipo secundário de oferta, frequentemente acompanhado por outros sacrifícios (Êx 29:40; 2Cr 29:35). As libações também marcavam as ocasiões especiais, como, por exemplo, um voto de nazireu (Nm 6:17), a coroação de um novo rei (2Cr 29:35) e até mesmo o início de um tempo de renovação espiritual (Ez 45:17).

Um exemplo interessante de libação pode ser visto na proposição divina das ofertas diárias: "A oferta derramada que a acompanha será um litro de bebida fermentada para cada cordeiro. Derramem a oferta de bebida para o Senhor no Lugar Santo" (Nm 28:7). A expressão "bebida fermentada" traduz o termo *shekar*, o tipo mais intoxicante de vinho. Apesar de ser frequentemente condenado na Escritura, é aceito como oferta ao Senhor (Nm 28:7), cujo consumo ele recomenda em sua presença (Dt 14:26). Por ser usado como oferta de libação, entendemos que Israel via o *shekar* como uma dádiva divina, que deveria ser retribuída a ele como adoração por meio da oferta de libação.[8] Os hebreus eram instruídos a di-

---

[6] MOTYER, J. Alec. *Isaiah*: An Introduction and Commentary. Tyndale Old Testament Commentaries. Downers Grove: InterVarsity, 1999, v. 20. p. 192.

[7] BLENKINSOPP, Joseph. *Isaiah 1–39*: A New Translation with Introduction and Commentary. Anchor Yale Bible. New Haven; Londres: Yale University Press, 2008, v. 19. p. 358.

[8] COLE, R. Dennis. *Numbers*: The New American Commentary. Nashville: Broadman & Holman, 2000, v. 3B. p. 473.

zimar toda a riqueza da terra que o Senhor lhes desse, e essa oferta incluía o vinho novo:

> Separem o dízimo de tudo o que a terra produzir anualmente. Comam o dízimo do cereal, do vinho novo e do azeite, e a primeira cria de todos os seus rebanhos na presença do Senhor, o seu Deus, no local que ele escolher como habitação do seu Nome, para que aprendam a temer sempre o Senhor, o seu Deus. (Dt 14:23; veja Dt 12:17-8; 18:4; Nm 18:12)

Isso mostra que o vinho não era apenas uma bebida na mesa de Israel, mas também um símbolo de sua dedicação exclusiva a Deus. Contudo, devemos observar que o texto afirma que os hebreus deveriam comer o dízimo "no local que ele [Deus] escolher como sua habitação". Ou seja, preparava-se um banquete de celebração ao Senhor. Do mesmo modo que as celebrações de Israel incluíam o vinho para alegrar o coração, a adoração a Yahweh no templo também deveria usar desse elemento.[9]

Isso mostra que o vinho não era apenas uma bebida na mesa de Israel, mas também um símbolo de sua dedicação exclusiva a Deus.

O vinho se fazia presente nas celebrações ordinárias em Israel e em várias celebrações religiosas, como a Festa dos Tabernáculos (2Cr 8:13), também conhecida como Festa da Colheita (Êx 23:16; 34:22), Festa do Senhor (Lv 23:39,41), festa designada (Lm 2:6-7; Os 12:9) ou simplesmente "a festa" (1Rs 8:2,65; 12:32).

A Festa dos Tabernáculos era uma celebração de sete dias que começava e terminava com um sábado especial. Nesse período, os hebreus construíam tabernáculos (cabanas) nos quais dormiam e comiam (Lv 23:42; Ne 8:14-17), lembrando a proteção divina durante a peregrinação no deserto (Lv 23:34). Essa celebração era

---

[9] MERRILL, Eugene H. *Deuteronomy*: The New American Commentary. Nashville: Broadman & Holman, 1994, v. 4. p. 240.

marcada por festividade, em que se oferecia o dízimo de tudo o que fora produzido, comido e bebido (Dt 14:23,26). A celebração a Deus com fartura de carne, vinho e bebida forte era um símbolo da graciosa provisão divina, de acordo com os critérios da aliança (Dt 28:5,17,39).

A celebração a Deus com fartura de carne, vinho e bebida forte era um símbolo da graciosa provisão divina, de acordo com os critérios da aliança.

O VINHO NA MESA DOS SANTOS

Após apresentar a visão mais abrangente da teologia e da religião de Israel em relação ao vinho, falta-nos observar o uso mais comum dele em Israel. O vinho era celebrado como dádiva divina não apenas por seu uso religioso no templo ou nas festividades da nação, mas também por estar presente na vida ordinária dos hebreus. A provisão divina era experimentada nos eventos mais corriqueiros da vida.

O principal uso do vinho em Israel eram as refeições ordinárias. Na época em que a água era a bebida comum para acompanhar as refeições, o vinho era geralmente servido em uma refeição completa (Gn 27:25; 1Cr 12:40-41; 27:27; 2Cr 2:9,14; 11:11; Is 22:13; Jr 40:10,12), normalmente acompanhado de pão (Gn 14:18; 1Sm 16:20; 25:18; Rt 2:14; Ec 9:7; 10:19). Tanto reis como trabalhadores incluíam vinho em sua dieta (Nm 5:15,18; 2Cr 2:9,14; Ne 2:1). Era comum levar odres com vinho em viagens (Jz 19:19; 1Sm 1:24; 10:3; 16:20; 25:18) e armazená-lo nas cidades fortificadas (2Cr 11:11; 32:28) ou no templo (1Cr 9:29; 27:27).

De acordo com o AT, o vinho era servido em todo tipo de celebração: eventos familiares (Jo 1:4-5), aniversário (Gn 40:20), casamento (Gn 29:22-25; Jz 14:10,12,17), colheita da vinha (Jz 9:27), tosquia das ovelhas (1Sm 25:2), desenvolvimento de laços sociais (Gn 26:30; 2Sm 3:20), vaidade pessoal (1Sm 25:36), entronização de um rei (1Rs 12:40), celebração de uma aliança (2Sm 3:20), visitantes que um anfitrião desejava honrar (2Rs 6:23), lembrança de uma libertação passada (Et 9:17-18,22) e até mesmo em um memorial para aqueles que morreram (Am 6:6; Jr 15:5-36). Qualquer evento que exigisse celebração poderia ser marcado por uma festa com vinho.[10]

Alegrar o coração

O conceito "alegria do coração" é fundamental para entender as emoções na Escritura. Representado por diferentes expressões, esse conceito normalmente se refere a uma alegria completa (Sl 16:9; 32:11; 1Cr 16:10), que poderia ser produzida pela Torá (Sl 19:8), pelo Senhor (Sl 4:7; 33:21) ou por elementos ordinários da experiência humana, como o vinho (1Cr 12:40; Zc 10:7).

De modo geral, o conceito "coração alegre" se refere positivamente à resposta do povo de Deus em relação às obras divinas (1Rs 8:66; cf. 2Cr 7:10; Et 5:9). Contudo, em contextos específicos, pode se referir negativamente aos resultados do consumo excessivo de vinho (Jz 19:10,25; 1Sm 25:36; 2Sm 13:28; 1Rs 21:7; Et 1:10). Nesses casos, a *alegria do coração* produzida pelo vinho é um eufemismo para embriaguez, uma caracterização negativa da alteração de espírito.

No entanto, nem toda alteração de espírito produzida pelo vinho era vista de modo negativo (veja Gn 43:34). Em alguns casos, representa o desejado efeito da bebida. Em uma cultura que celebrava intensamente o período da colheita (Jz 9:27; Is 9:3) e que reconhecia a provisão divina nesse processo, não seria inapropriado beber vinho até ficar alegre, depois de um longo dia de trabalho (como aconteceu com Boaz, veja Rt 3:7).[11] Podemos sugerir que nem toda alegria produzida por vinho seria sinal de embriaguez. Aliás, eu iria além e sugeriria que *alegrar o nosso coração* é a intenção divina ao nos conceder o vinho. Esta é a exata opinião do salmista: "É o Senhor que faz crescer o pasto para o gado, e as plantas que o homem cultiva, para da terra tirar o alimento: o vinho,

---

[10] AUSTEL, Hermann J. "2477 שָׂמַח". In: HARRIS, R. Laird; ARCHER JR., Gleason L.; WALTKE, Bruce K. (orgs.). *Theological Wordbook of the Old Testament*. Chicago: Moody, 1999. p. 959-60.

[11] CAMPBELL, Edward F. *Ruth*: A New Translation with Introduction, Notes, and Commentary. Anchor Yale Bible. New Haven; Londres: Yale University Press, 2008, v. 7. p. 121-22.

que alegra o coração do homem" (Sl 104:14-15). Deus deu o vinho para alegrar o coração do seu povo.

A mesma perspectiva é ensinada pelo autor de Eclesiastes: "Descobri também que poder comer, beber e ser recompensado pelo seu trabalho é um presente de Deus" (Ec 3:13; 5:19). Para ele, não existe dúvida de que aproveitar os prazeres da vida, incluindo o beber vinho, é um presente de Deus à humanidade. Ele ensina que a vida se desfruta em uma forma de *carpe diem* judaico, uma sugestão de que a celebração da vida é a resposta apropriada ao trabalho, ao sofrimento e à finitude da nossa existência.[12] Por essa razão, o autor estimula seus leitores a comerem e beberem com alegria (Ec 2:24-26; 3:12-13,22; 5:18-20; 8:15), sem incentivar a embriaguez ou a extravagância.[13] Em última análise, sua proposta é o uso apropriado do vinho para celebrar a vida, que está fadada a terminar em breve. A celebração, além de ser um presente de Deus, tem o propósito de alegrar nosso coração: "O banquete é feito para divertir, e o vinho torna a vida alegre" (Ec 10:19). Desse modo, não surpreende que a Escritura recomende beber vinho com o coração alegre.[14]

Conforto em dias de sofrimento

O vinho também era recomendado como uma forma de confortar aqueles que estavam tristes ou desanimados (1Sm 16:2). Em Jeremias 16:7, o "cálice da consolação" é oferecido aos que choram, por experimentarem as dores do luto. De acordo com o antigo costume hebreu, os enlutados eram consolados com pão e com vinho após o fim do jejum (Ez 24:17,22; cf. Dt 26:14; 2Sm 3:35; Os 9:4). O vinho também era considerado útil para os desesperados ou aflitos, ajudando-os a esquecer suas tristezas (Pv 31:6-7).

---

12 GIANTO, Augustinus. "The Theme of Enjoyment in Qohelet". In: *Biblica*, v. 73, n. 4, 1992. p. 528-32.

13 LEE, Eunny P. *The Vitality of Enjoyment in Qohelet's Theological Rhetoric*. Nova York: De Gruyter, 2005. p. 63-70, 132-5.

14 LOHFINK, Norbert. *A Continental Commentary: Qoheleth*. Minneapolis: Fortress, 2003. p. 120. Veja também: FOX, Michael V. *Ecclesiastes*: The JPS Bible Commentary. Filadélfia: Jewish Publication Society, 2004. p. 63.

Celebração do amor

Por fim, o vinho também era usado para celebrar o amor. No livro de Cântico dos Cânticos, Salomão celebra o amor por meio de diferentes analogias e comparações. Ele menciona elementos valiosos no mundo antigo para descrever a beleza do amor desfrutado entre um casal, como, por exemplo, a flora e os alimentos especiais. Entre esses, o vinho ocupa um lugar importante, sendo o único elemento citado no contexto de intimidade do casal: "Ah, se ele me beijasse, se a sua boca me cobrisse de beijos. Sim, as suas carícias são mais agradáveis que o vinho" (Ct 1:2). Nesse versículo, a comparação do amor com o vinho significa que as carícias e afeições do amante proporcionam à esposa mais prazer do que o próprio vinho. Isso indica que o vinho tinha a função importante de proporcionar felicidade e prazer.

Contudo, em Cântico não encontramos apenas a esposa celebrando o amor do amado, mas também um homem inebriado pelo amor de sua esposa. Para ele, ela é de beleza inigualável (4:1-7). A fragrância de sua esposa é imbatível, e o amor dela era melhor que o vinho: "Quão deliciosas são as suas carícias, minha irmã, minha noiva! Suas carícias são mais agradáveis que o vinho" (4:10; cf. 5:1; 7:9; 8:2).

Em outras palavras, no livro que celebra a intimidade do amor de um casal, o vinho ocupa lugar de prestígio, sendo preferido a todas as outras coisas, exceto o próprio amor do casal. Essa percepção é partilhada não somente pelo casal, mas também por aqueles que testemunham seu amor: "Estamos alegres e felizes por sua causa; celebraremos o seu amor mais do que o vinho" (1:4).

CONCLUSÃO

Dificilmente alguém poderia olhar para o AT sem reconhecer a perspectiva positiva que o vinho tem em suas páginas. Desde a produção até o consumo, o vinho é celebrado pelos autores veterotestamentários. Essa bebida era um símbolo de celebração nas recorrentes festividades, de sustento nas refeições ordinárias, da provisão e do cuidado de Deus na religião, além de um símbolo de bênção divina. Aliás, tão intensa era essa perspectiva a respeito do vinho que até mesmo as expectativas escatológicas foram marcadas por sua presença. Em um mundo completamente renovado, no qual fertilidade, felicidade e festividade são esperadas, o vinho ocupa seu lugar. Ele não é o centro, nem mesmo a parte mais importante, mas estará lá. Será, mais uma vez, um símbolo da benevolência divina, um marco de alegria, um elemento para a celebração.

CAPÍTULO 3

Jesus bebia vinho?

Certa vez, um amigo de longa data e eu travamos um diálogo a respeito da possibilidade de Jesus tomar ou não tomar vinho. Sentados em um café, iniciamos uma conversa animada que nos levou a considerar diferentes perspectivas sobre o assunto. Meu amigo, como um estudioso da Bíblia, estava convencido de que Jesus jamais teria bebido vinho, visto que o NT nunca o apresenta bebendo.

Enquanto meu amigo defendia sua teoria, levantei alguns questionamentos. Sugeri que, embora os Evangelhos não mencionem explicitamente Jesus bebendo vinho, também não afirmam que ele nunca o tenha feito. Poderia ser uma questão de contexto e ênfase nas narrativas bíblicas. Além disso, sugeri que nenhum dos evangelistas diz que Jesus bebia água. Seria apropriado dizer, em função disso, que ele se absteve de água? A ideia era demonstrar que conclusões baseadas no silêncio podem ser um problema, especialmente quando se exclui o ambiente cultural dos dias de Jesus.

Ao final, concordamos que essa é uma questão complexa. Ainda que meu amigo continuasse a sustentar que Jesus não bebia vinho, nós dois reconhecemos que o importante é o significado que as histórias bíblicas carregam, independentemente das diferentes conclusões a que chegamos.

Contudo, entendo que a perspectiva sustentada por meu amigo representa um panorama deficiente do ministério do nosso Senhor. Não havia, em sua abordagem, uma visão mais clara da cultura judaica e do vinho, nem a necessária atenção aos detalhes da narrativa bíblica. Por um lado, meu amigo está absolutamente correto:

não existem menções explícitas ao fato de Jesus ter bebido ou deixado de beber vinho, com a possível exceção da Ceia do Senhor. Mas, se considerarmos as declarações implícitas dos Evangelhos, uma imagem clara emerge: não apenas Jesus bebia vinho, como o fazia com relativa frequência.

O LUGAR DO VINHO NA CULTURA JUDAICA

Herdeira da tradição do AT, a cultura judaica deu grande importância à viticultura, uma vez que o vinho era fundamental nas celebrações e nos festivais.[1] A representação de videiras e cachos de uvas era comum nas moedas dos macabeus — uma dinastia judaica que se formou após haver liderado uma revolta contra o domínio estrangeiro na Judeia no século 2 a.C. —, e era usada como decoração em lâmpadas e túmulos. Imagens relacionadas ao vinho também aparecem em moedas do rei Herodes, além de ossuários e lâmpadas da época greco-romana. Um importante testemunho da onipresente produção de vinho em Israel no primeiro século pode ser visto nas centenas de lagares espalhados por todo o território nacional.[2]

Durante a Páscoa, o mercado de Jerusalém fornecia especiarias, vinho e vinagre de vinho — estes, combinados, combinados com frutas esmagadas, formavam o *haroset* (*Mishnah Pesachim*, [Tratado da Páscoa] 10.3) e possibilitavam o consumo do vinho durante a celebração (*Mishnah Pesachim* 10.1).[3] De acordo com o Talmude, que registra as discussões rabínicas sobre a lei e a ética judaica, o vinho tinha por objetivo expressar a alegria de Israel na noite pascal, e era considerado tão importante que até mesmo os mais pobres deveriam ter acesso a ele. A Mishná, o código de leis judaicas que formou a base do Talmude, também diz que, se uma

---

[1] BOROWSKI, Oded. "Agriculture in Palestine". In: COLLINS, John J.; HARLOW Daniel C. (orgs.). *The Eerdmans Dictionary of Early Judaism*. Grand Rapids; Cambridge: Eerdmans, 2010. p. 312-5.

[2] BROSHI, Magen. "Diet in Palestine". In: COLLINS; HARLOW, *The Eerdmans Dictionary of Early Judaism*, p. 543.

[3] JEREMIAS, Joachim. *Jerusalem in the Time of Jesus*: An Investigation into Economic and Social Conditions during the New Testament Period. Filadélfia: Fortress, 1969. p. 45-6.

pessoa não tivesse condições de desfrutar o vinho na ocasião da Páscoa, deveria vender ou penhorar seus pertences para adquirir as taças tomadas durante a festa.[4]

A filantropia era uma prática comum entre os habitantes de Jerusalém, de acordo com Flávio Josefo. Ele relata que o segundo dízimo, uma contribuição anual, era destinado à caridade, e que os judeus também ofertavam uma porção de sua produção de grãos e vinho a cada quatro anos com a mesma finalidade.

Em outras palavras, nos dias de Jesus, o vinho era parte do cotidiano de Israel. De modo similar ao que vimos no AT, ele se fazia presente na vida cotidiana e religiosa de Jerusalém. Certamente, nesse contexto, o vinho estava presente na vida comum de Jesus e dos discípulos, apesar de ser raramente mencionado nas histórias do nosso Senhor e da igreja primitiva. Diferente do AT, em que a evidência para a presença do vinho entre os hebreus é abundante, no NT precisamos investigar com muita atenção os eventos que, culturalmente, seriam acompanhados de vinho.

O vinho estava presente na vida comum de Jesus e dos discípulos.

FESTAS E CELEBRAÇÕES JUDAICAS

Como já vimos, os hebreus haviam sido instruídos a celebrar o Senhor bebendo comunitariamente o vinho em diferentes ocasiões. Como um judeu integrado na cultura e na religião de Israel, Jesus certamente participou de muitas festividades judaicas. Entre elas, podemos lembrar a Festa dos Tabernáculos (Jo 7), a Festa da Dedicação (Jo 10) e a celebração da Páscoa (Jo 4; 6; 13).

Como acontecia em quase toda celebração judaica, essas festas contavam com a presença do vinho na mesa daqueles que as celebravam. De acordo com rabis posteriores, a presença do vinho era fundamental nas celebrações, como bem destacou o rabi Moshe

---

4 EDERSHEIM, Alfred. *The Temple, Its Ministry and Services as They Were at the Time of Jesus Christ*. Londres: James Clarke & Co., 1959. p. 235.

ben Maimon (ou Maimônides): "Vocês devem se alegrar em seus festivais de todas as maneiras possíveis, comendo carne, bebendo vinho, vestindo roupas novas, distribuindo frutas e doces para crianças e mulheres, divertindo-se com instrumentos musicais e dançando no santuário". Mais adiante, ele acrescenta: "O mais obrigatório desses deveres é beber vinho, pois o vinho alegra o coração dos homens", em uma clara referência a Salmos 104:15 (*Sefer HaMitzvot* [O livro dos mandamentos], 54).[5]

Segundo o relato dos Evangelhos, Jesus participou de pelo menos duas celebrações da Páscoa (Jo 4:45; 6:4) antes de instituir a Ceia do Senhor (Mt 26:1; Mc 14:1; Lc 22:1). Naquela época, a liturgia da celebração estava centralizada no vinho, de modo que todo participante deveria beber pelo menos quatro taças cerimoniais da bebida, independentemente de sua condição social.[6] Vamos explorar a forma desse cerimonial mais adiante neste capítulo. Por ora, como os Evangelhos demonstram que nosso Senhor celebrou a Páscoa judaica em pelo menos duas ocasiões, podemos concluir que ele certamente bebeu vinho na companhia de seus discípulos.

Por ora, como os Evangelhos demonstram que nosso Senhor celebrou a Páscoa judaica em pelo menos duas ocasiões, podemos concluir que ele certamente bebeu vinho na companhia de seus discípulos.

Outra ocasião em que o vinho se fazia presente era no sábado, o *shabbat*. Para os judeus, a celebração do *shabbat* era sagrada, diretamente relacionada à expectativa messiânica. Eles entendiam que, sem a devida observância do *shabbat*, o messias não viria. Além disso, entendiam que o sábado era um dia essencialmente

---

5 EISENBERG, Ronald L. *The JPS Guide to Jewish Traditions*. 1. ed. Filadélfia: The Jewish Publication Society, 2004. p. 156.

6 FALK, Daniel K. "Festivals and Holy Days". In: COLLINS; HARLOW, *The Eerdmans Dictionary of Early Judaism*, p. 638.

distinto dos outros dias da semana, um dia a ser santificado e celebrado. Ele era celebrado com três diferentes refeições, e por isso os judeus deveriam se preparar antecipadamente para providenciar comida e vinho suficientes para essas celebrações. A Mishná orienta: "Pode-se reservar uma cesta cheia de pães e similares produzidos ao fogo no *shabbat*, mesmo que haja comida para cem refeições nela. E pode-se reservar um bolo de figos secos, mesmo que seja muito grande, e pode-se reservar um barril cheio de vinho" (*Mishnah Shabbath* [Tratado do sábado] 16:3).

Os rabis também ensinavam o *kiddush*, uma oração de santificação recitada sobre uma taça de vinho:

> Aquele que recita a oração que santifica o sábado do tempo secular tem de orar sobre um copo de vinho. A graça após as refeições requer uma taça de vinho. A taça de vinho para a graça após as refeições está sujeita a uma medida mínima; aquele que diz uma bênção tem de provar aquilo que abençoou. (*Bavli. Pesah*im [Tratado de Páscoa] 105)

Essa prática era vista como um símbolo de alegria e celebração, considerada o ritual mais apropriado para se iniciar o *shabbat*. O uso de vinho nessa cerimônia pode ter sido influenciado pelo ritual sacrificial no templo, pois o Talmude afirma que o *kiddush* só pode ser recitado sobre "o vinho que é adequado para ser oferecido como uma oferta de bebida sobre o altar" (*Bavli Bava Batra* 97).[7]

Nos dias de Jesus, essa prática era comum em Israel e certamente fez parte da vida comum dele com seus familiares, em sua infância, e com os fariseus e outros pecadores, em seu ministério. Apesar de os Evangelhos mostrarem Cristo em frequente oposição aos fariseus, Lucas o apresenta em três refeições com eles (7:36; 11:37; 14:1). De acordo com o texto do evangelista, o primeiro desses encontros aconteceu nos moldes de um simpósio grego, o que indica que o vinho *poderia* ter sido servido na ocasião, mas não podemos

---

[7] GILLIHAN, Yonder Moynihan. "Associations". In: COLLINS, John J.; HARLOW, Daniel C. (orgs.). *The Eerdmans Dictionary of Early Judaism*. Grand Rapids, MI; Cambridge, U.K.: William B. Eerdmans Publishing Company, 2010. p. 399.

ter certeza disso.[8] O segundo encontro possivelmente aconteceu em um sábado e, se foi de fato assim, nosso Senhor partilhou com os fariseus de um bom vinho no *shabbat*.[9] Por fim, o terceiro encontro certamente aconteceu em um sábado. Como os fariseus jamais deixariam de seguir as estipulações rabínicas na celebração do sábado, é certo que realizaram esse banquete com o uso apropriado de vinho. Sendo assim, nesse encontro Jesus teria celebrado o *shabbat* desfrutando um bom vinho *kosher*.[10]

Além de manter comunhão com fariseus, Jesus tinha um estilo de vida aberto à comunhão ao redor da mesa, como símbolo de sua associação com todos os tipos de pessoas. Nesse contexto, é importante lembrar que um dos componentes mais comuns da comunhão à mesa nos dias de Jesus era o vinho.[11]

Apesar de ter recebido da multidão diferentes títulos de respeito, como rabi ou mestre, Jesus também foi chamado de "amigo de publicanos e pecadores" (Mt 11:19; Lc 7:34). Esse título não era, de modo algum, equivocado: os Evangelhos apresentam Jesus em diferentes eventos sociais com pessoas religiosamente desqualificadas, de acordo com as leis de pureza dos fariseus. Por exemplo, nosso Senhor participou de uma festa oferecida por Levi, um publicano (Mt 9:9-13; Mc 2:13-17; Lc 5:27-32), de uma refeição na casa de Simão, o leproso (Mt 26:6; Mc 14:3), pernoitou na casa de Zaqueu, um dos chefes entre os publicanos (Lc 19:1-10), e ofereceu um banquete no deserto para todo o tipo de gente em mais de uma ocasião (Mt 14:13-21; Mc 6:32-44; Lc 9:10-17, Mt 15:32-39; Mc 8:1-10).

Jesus celebrava à mesa com todo tipo de gente e, desse modo, demonstrava claramente sua diferença em relação aos valores do

---

8 BOVON, François; KOESTER, Helmut. *Luke 1*: A Commentary on the Gospel of Luke 1:1-9:50. Hermeneia — a Critical and Historical Commentary on the Bible. Minneapolis: Fortress, 2002. p. 290; FITZMYER, Joseph. A. *The Gospel according to Luke I-IX*: Introduction, Translation, and Notes. Anchor Yale Bible. New Haven; Londres: Yale University Press, 2008, v. 28. p. 688.

9 STEIN, Robert H. *Luke*: The New American Commentary. Nashville: Broadman & Holman, 1992, v. 24. p. 340; MARSHALL, I. Howard. *The Gospel of Luke*: A Commentary on the Greek Text. New International Greek Testament Commentary. Exeter: Paternoster, 1978. p. 493-4.

10 O termo *kosher* é usado para se referir a alimentos sancionados pela lei judaica. A carne de porco, por exemplo, não é *kosher*.

11 GILLIHAN, Yonder Moynihan. "Associations". In: COLLINS; HARLOW, *The Eerdmans Dictionary of Early Judaism*, p. 399.

farisaísmo de seus dias. Com base nisso, os fariseus diziam: "Aí está um comilão e beberrão, amigo de publicanos e 'pecadores'" (Lc 7:34), contrastando-o com João Batista, do qual diziam: "Ele tem demônio" (v. 33).

Note que o título "amigo de publicano e pecadores" vem associado a duas críticas à postura pública de Cristo. Na primeira, Jesus é apresentado como um *comilão*, alguém que come além daquilo que é devido, um "glutão". Na segunda, Jesus seria um "beberrão". O termo utilizado aqui é *oinopotēs*, que, de maneira muito simples, caracteriza uma pessoa que bebe muito.[12] Esse termo é usado costumeiramente para se referir a alguém embriagado com vinho.

O que chama atenção é que tanto nosso Senhor como João Batista recebem críticas exageradas baseadas em seus comportamentos. Enquanto João é acusado de ter demônio, Jesus é acusado de ser glutão e beberrão. Contudo, note que Jesus afirma, ao mesmo tempo, a abstinência de João e sua prática de beber vinho. Para ele, essas duas descrições são verídicas, embora ironizadas e demonizadas pelos opositores da verdade.[13] Em outras palavras, Jesus afirma ser alguém que, diferente de João Batista, bebe vinho com pessoas de todos os tipos, demonstrando, assim, sua distinção fundamental em relação a ele.[14] Seu modo de vida era um constante lembrete de que a nova era do Messias havia chegado e o banquete messiânico estava às portas.[15]

O VINHO NO ENSINO DE JESUS

Os Evangelhos também contam como nosso Senhor se relacionava com o vinho em sua vida ministerial e pública. Ao que parece,

---

12 MONTANARI, Franco. *The Brill Dictionary of Ancient Greek*. Ed. inglesa de Madeleine Goh e Chad Schroeder. Leiden; Boston: Brill, 2015; LIDDELL, Henry George et al. *A Greek-English Lexicon*. Oxford: Clarendon, 1996. p. 55.

13 LIEFELD, Walter L.; PAO, David W. Luke. In: LONGMAN III, Tremper; GARLAND, David E. (orgs.). *The Expositor's Bible Commentary*: Luke-Acts. Edição revisada. Grand Rapids: Zondervan, 2007, v. 10. p. 148.

14 JEREMIAS, Joachim. *Teologia do Novo Testamento*. São Paulo: Hagnos, 2008. p. 96.

15 NOLLAND, John. *Luke 1:1–9:20*: Word Biblical Commentary. Dallas: Word, Inc., 1989, v. 35a. p. 345-6; STEIN, *Luke*, p. 233.

Jesus conhecia os processos de produção de vinho e as diferentes qualidades produzidas, e fez da vinha e do vinho símbolos apropriados para explicar o reino de Deus. Além disso, dois eventos históricos no ministério de Jesus demonstram não apenas sua aprovação do vinho, mas também sua apreciação: seu primeiro milagre e a instituição da Ceia. Ou seja, o milagre que inicia a carreira ministerial de Jesus e a celebração que encerra suas atividades ministeriais são marcados pela presença de vinho.

O milagre que inicia a carreira ministerial de Jesus e a celebração que encerra suas atividades ministeriais são marcados pela presença de vinho.

Em duas de suas parábolas, a saber, a parábola dos trabalhadores (Mt 20:1-16) e a parábola dos dois filhos (Mt 21:28-32; Lc 7:29-30), Cristo utiliza a imagem da *vinha* para ensinar sobre o reino de Deus. Na parábola dos trabalhadores (Mt 21:33-46; Mc 12:1-12; Lc 20:9-19), nosso Senhor fala de um homem que plantou uma vinha. Nesses textos, chama a atenção a assertividade de Jesus em descrever os processos de produção de vinho.

Além disso, ele também parecia estar familiarizado com as dificuldades em *armazenar o vinho produzido*. Em um de seus diálogos registrados nos Evangelhos, nosso Senhor afirma: "Nem se põe vinho novo em vasilha de couro velha; se o fizer, a vasilha rebentará, o vinho se derramará e a vasilha se estragará. Ao contrário, põe-se vinho novo em vasilha de couro nova; e ambos se conservam" (Mt 9:17; Mc 2:22; Lc 5:37-38).[16] Nos dias de Jesus, o vinho ainda era armazenado em odres de couro, algo feito desde os tempos mais antigos. Essa técnica de armazenamento tinha seus limites, especialmente em relação à fermentação. O gás liberado exercia pressão sobre a pele do odre, o que não era problema quando a pele era nova e apresentava elasticidade para se ajustar à pressão.

---

[16] FRANCE, R. T. *The Gospel of Matthew*: The New International Commentary on the New Testament. Grand Rapids: Eerdmans, 2007. p. 357; HAGNER, Donald A. *Matthew 1–13*: Word Biblical Commentary. Dallas: Word, Inc., 1993. v. 33a. p. 244.

No entanto, um odre velho e ressecado não conseguia suportar a pressão dos gases e acabava se rompendo.[17]

Por fim, devemos observar que o modo de Lucas se referir a esse ensino de Jesus contém uma importante adição não encontrada nos outros Evangelhos: "E ninguém, depois de beber o vinho velho, prefere o novo, pois diz: 'O vinho velho é melhor!'" (Lc 5:39). Apesar de exigir certo empenho hermenêutico para compreender a conexão desse dito com restante da metáfora dos odres novos, o sentido da sentença é claro: o vinho mais maturado é melhor que o vinho novo.[18] Essa afirmação reforça não somente a familiaridade de Jesus com a produção e o armazenamento do vinho, mas também com seu *consumo.* Jesus conhecia pessoalmente a diferença entre o vinho novo e um bom vinho.[19]

O MILAGRE EM CANÁ

De acordo com o Evangelho de João, o primeiro milagre realizado por Cristo em seu ministério foi a transformação da água em vinho em um casamento realizado em Caná (Jo 2:1-11). Nos dias de Jesus, a celebração de um casamento seguia o modelo veterotestamentário, e o vinho era servido como símbolo de alegria e festividade. Um possível diferencial em relação ao AT seria a reciprocidade existente na celebração. De um lado, a família do noivo poderia adotar medidas legais contra aqueles que não tivessem trazido um presente de casamento adequado. Do outro, se a família não providenciasse vinho para a festa, além de um grande constrangimento social, o noivo e sua família poderiam sofrer medidas legais por parte dos participantes.[20]

---

[17] GARLAND, David. "Mark". In: ARNOLD, Clinton E. *Zondervan Illustrated Bible Backgrounds Commentary*. Grand Rapids: Zondervan, 2002, v. 5, p. 222-3.

[18] BOVON; KOESTER, *Luke 1*, p. 194.

[19] GREEN, Joel B. *The Gospel of Luke*: The New International Commentary on the New Testament. Grand Rapids: Eerdmans, 1997, p. 250.

[20] GRANQUIST, H. "Marriage Customs in a Palestinian Village". *Commentationes Humanarum Litterarum*, v. III, n. 8, 1931, p. 1-200; v. VI, n. 8, 1935, p. 1-366; BARCLAY, William. *The Gospel of John*. Edição revista e atualizada. The New Daily Study Bible. Edinburgo: Saint Andrew, 2001, v. 1, p. 114.

Nesse contexto, encontramos Jesus participando de mais um evento social no qual a oferta de vinho era necessária. Contudo, o evangelista não tem a intenção apenas de narrar um evento no ministério de Cristo; ele também quer demonstrar, a partir desse evento, que Jesus é o Messias. Para isso, ele inclui uma série de "dicas" para auxiliar o leitor a identificar isso corretamente. Algumas dessas pistas são sutis, mas, quando observadas em sua totalidade, revelam-se impressionantes.

A primeira é a estratégia de João, no sentido de narrar os primeiros eventos da vida de Jesus em *dias* diferentes (Jo 1:29,35,43), sugerindo que se teriam passado em *três dias* consecutivos. A narrativa do casamento em Caná acontece, então, no terceiro dia (2:1). Como o grego tinha um termo para "depois de amanhã", o uso de "terceiro dia" parece intencional, uma vez que essa é a expressão usada para se referir à ressurreição de Cristo (Jo 2:19; cf. Mt 26:61; 27:40; Mc 14:58). Assim, parece que a intenção de João é registrar o evento de Caná como a apresentação do ministério messiânico (Jo 2:11).

Reforça essa conclusão o fato de que a falta de vinho proporcionou ambiente propício ao diálogo com Maria, sua mãe. Nessa conversa, Jesus disse: "A minha *hora* ainda não chegou" (2:4). Curiosamente, o termo *hora* tem sentido escatológico nesse Evangelho (4:21,23; 5:25,28), e é frequentemente utilizado em referência à morte e à glorificação de Cristo.[21] Com isso, notamos que, de acordo com a narrativa de João, em Caná, nosso Senhor inicia uma jornada messiânica a ser consumada em sua morte e glorificada em sua ressurreição.[22] Ou seja, João está tentando, por todos os meios possíveis, demonstrar, desde o primeiro sinal do Evangelho, que Jesus é o Messias (Jo 1:29,41,49).

Contudo, é na imagem do vinho que encontramos diversos paralelos com a expectativa messiânica do AT e do judaísmo dos dias de Jesus. De acordo com Filo de Alexandria, filósofo judeu do

---

21 LINCOLN, Andrew T. *The Gospel according to Saint John*: Black's New Testament Commentary. Londres: Continuum, 2005. p. 127-8.

22 HAENCHEN, Ernst; FUNK, Robert Walter; BUSSE, Ulrich. *John*: A Commentary on the Gospel of John. Hermeneia — a Critical and Historical Commentary on the Bible. Filadélfia: Fortress, 1984. p. 173.

primeiro século, no futuro o Messias "trará vinho em vez de água, e dará de beber às vossas almas, e as animará com vinho não misturado, a fim de que estejam totalmente ocupadas com uma embriaguez divina, mais sóbria do que a própria sobriedade" (*Allegorical Interpretation* [Interpretação alegórica] 3:82). De modo muito interessante, em Caná é exatamente isso que acontece: Jesus oferece vinho em abundância em vez de água!

Além disso, podemos lembrar que Jesus usou o casamento como uma descrição simbólica do reino de Deus (Mt 22:1-14; 25:1-13; cf. Lc 12:36). Cristo também teria usado a imagem de um casamento para dizer que seus discípulos não deveriam jejuar em sua presença, mas celebrar (Mt 9:15; Mc 2:19; Lc 5:34). Contudo, o mais importante ponto de conexão dessa narrativa com o ensino do Senhor nos Evangelhos sinóticos reside no ensino sobre o vinho novo, citado anteriormente.

Ao realizar o milagre da transformação da água em vinho, Jesus usa "seis potes de pedra, do tipo usado pelos judeus para as purificações cerimoniais" (Jo 2:6). Essas talhas de pedra eram usadas nos rituais de purificação por não serem suscetíveis a possíveis contaminações (*Mishnah Beitzah* 2:3 A). Ao usá-las no casamento em Caná, Jesus manifesta sua glória ao transformar as águas cerimoniais da purificação do judaísmo em vinho messiânico para a celebração do reino de Deus e da nova era do Messias.[23]

Também devemos considerar a abundância de vinho produzido por Cristo naquela ocasião. De acordo com a narrativa, cada uma das talhas de pedra comportaria entre 80 e 120 litros de água, totalizando de 480 a 720 litros, pois João nos informa que as talhas de pedra foram enchidas até o limite (Jo 2:7). Ao que parece, Jesus produziu muito vinho para esse casamento!

A clara referência à abundância também aponta para o caráter messiânico e escatológico desse milagre. Como vimos, no AT havia

---

[23] MICHAELS, J. Ramsey. *The Gospel of John*: The New International Commentary on the Old and New Testament. Grand Rapids; Cambridge: Eerdmans, 2010. p. 152-3; MORRIS, Leon. *The Gospel according to John*: The New International Commentary on the New Testament. Grand Rapids: Eerdmans, 1995. p. 155.

a expectativa de que, no reino a ser estabelecido por Deus, haveria abundância de vinho (Jr 31:12; Os 14:7; Am 9:13-14). No período intertestamentário, a mesma expectativa era observada e, de acordo com os livros desse período, os judeus ansiavam pela era do Messias, que seria marcada pela fartura: "E plantarão árvores agradáveis sobre ela — videiras. E aquele que planta uma videira sobre ela produzirá vinho em abundância" (*1Enoque* 10:19); "A terra também produzirá frutos dez mil vezes mais. E, em uma videira, haverá mil ramos, e um ramo produzirá mil cachos, e um cacho produzirá mil uvas, e uma uva produzirá uma garrafa de vinho" (*2Baruque* 29:5).

Nesse contexto, é importante mencionar que a conexão com a expectativa messiânica intertestamentária não é de modo algum uma coincidência. Na verdade, Papias de Hierápolis, que foi um discípulo do apóstolo João, quando ensinou sobre a expectativa escatológica, citou um ensinamento que o apóstolo ouviu do próprio Senhor. De acordo com Papias, Jesus teria dito:

> Dias virão em que as videiras crescerão, cada uma com dez mil ramos, e em cada ramo dez mil galhos, e em cada galho verdadeiro dez mil brotos, e em cada um dos brotos dez mil cachos, e em cada um dos cachos dez mil uvas, e cada uva quando prensada dará vinte e cinco metretas de vinho.[24]

Desse modo, o sinal de Caná funciona como uma afirmação da messianidade de Jesus e como um símbolo da inauguração da nova era do Messias. A abundância de vinho no primeiro milagre é fundamental para compreender a identidade e a missão do nosso Senhor.[25]

---

[24] "A bênção predita, portanto, pertence inquestionavelmente aos tempos do reino, quando os justos governarão sua ressurreição dentre os mortos; quando também a criação, tendo sido renovada e libertada, frutificará com abundância de todo tipo de alimento, do orvalho do céu e da fertilidade da terra: como os anciãos que viram João, o discípulo do Senhor, relataram que tinham ouvido dele como o Senhor costumava ensinar a respeito desses tempos" (LYON, Ireneu de, "Irenæus against Heresies". In: ROBERTS, Alexander; DONALDSON, James; COXE, A. Cleveland. *The Apostolic Fathers with Justin Martyr and Irenaeus*: The Ante-Nicene Fathers. Búfalo, NY: Christian Literature Company, 1885, v. 1. p. 562-3.

[25] BROWN, Raymond E. *The Gospel according to John (I–XII)*: Introduction, Translation, and Notes. Anchor Yale Bible New Haven; Londres: Yale University Press, 2008, v. 29. p. 105.

Por fim, temos de considerar a qualidade do vinho oferecido por Jesus nesse casamento. Depois de ter transformado a água em vinho, o responsável pela celebração afirmou: "Todos servem primeiro o melhor vinho e, depois que os convidados já beberam bastante, o vinho inferior é servido; mas você guardou o melhor até agora" (Jo 2:10).[26] No contexto judaico do primeiro século, a diferença entre o vinho inferior e o vinho de melhor qualidade estava diretamente ligada à sua maturação (Lc 5:39; cf. Eclesiástico 9:10; *Mishnah Pirqe Abot* [Tratado Ética dos pais] 4:20), ou seja, quanto mais velho, melhor. Desse modo, entendemos que Jesus não apenas transformou a água em vinho, mas também em vinho maturado, de excelente qualidade. Algo que impressionou até mesmo o profissional encarregado pelo serviço do vinho na festa.

A expectativa judaica modelada pela mensagem dos profetas ensinava que o banquete messiânico seria marcado pela presença de um bom vinho produzido pelo próprio Senhor: "Neste monte o Senhor dos Exércitos preparará um farto banquete para todos os povos, um banquete de vinho envelhecido, com carnes suculentas e o melhor vinho" (Is 25:6; cf. Ne 8:10).

Portanto, podemos afirmar que o primeiro milagre realizado por Cristo aponta claramente para a messianidade de Jesus e a inauguração da nova era messiânica. Desde os elementos estruturais até os temas teológicos da narrativa, vemos com clareza que a intenção de João é demonstrar a chegada da nova era messiânica por meio da transformação miraculosa e abundante de água em vinho. É por isso que a narrativa do milagre de Caná termina com a seguinte afirmação do evangelista: "Revelou assim a sua glória, e os seus discípulos creram nele" (Jo 2:11). O Cordeiro que tira o pecado do mundo (1:29) é o Messias esperado, aquele que trará abundância e alegria verdadeiras, e que realizará o aguardado banquete do Senhor com o vinho da expectativa profética e da pureza messiânica.

---

[26] MOUNCE, Robert H. "John". In: LONGMAN III; GARLAND, *The Expositor's Bible Commentary: Luke–Acts*, p. 388.

O VINHO NA CEIA DO SENHOR

Um dos mais importantes eventos na história de Jesus, como narrado nos Evangelhos, é a Ceia do Senhor. Trata-se de uma refeição que Jesus Cristo teria partilhado com seus discípulos nos momentos finais de sua vida. De acordo com a narrativa dos evangelistas, Jesus teria realizado essa refeição por ocasião da celebração da Páscoa. O pano de fundo religioso e histórico para a Ceia do Senhor é o principal evento da história de Israel.

Curiosamente, a narrativa original da saída do Egito não continha nenhuma indicação de que deveria haver vinho na celebração (Êx 12). A bem da verdade, nem mesmo as adaptações históricas da celebração da Páscoa no AT incluem a presença de vinho (Nm 9:1-14; 28:16-25; Dt 16:5-6; cf. 2Rs 23:21-23; 2Cr 30:1-27). Sendo assim, de onde teria saído a ideia de incluir vinho na celebração da Páscoa? A resposta dessa pergunta se encontra nos escritos intertestamentários.

O Livro dos Jubileus, escrito em algum momento no século 2 a.C., é o melhor exemplo de reescrita histórica dos eventos do AT.[27] Entre os capítulos 46 e 50, o autor reconta alguns eventos da história de Moisés e inclui um capítulo inteiro sobre a celebração da Páscoa. Nessa seção, encontra-se a primeira menção ao vinho como parte da narrativa da Páscoa: "E todo Israel estava comendo a carne do cordeiro pascal, e bebendo o vinho, e louvando e abençoando, e agradecendo ao Senhor Deus de seus pais, e estava pronto para sair de sob o jugo do Egito e da maligna servidão" (49:6).

Na narrativa da Páscoa ressignificada no Livro dos Jubileus, o vinho era um elemento de celebração comunitária. Longe de ser um sinal de impureza cerimonial, ocupava posição central na relação entre obediência e felicidade. O contraste entre choro e lamentação no Egito com louvor e adoração entre os filhos de Israel libertados é experimentado na refeição pascal, marcada pela presença

---

[27] WINTERMUTE, O. S. "Jubilees: A New Translation and Introduction". In: *The Old Testament Pseudepigrapha and the New Testament*: Expansions of the "Old Testament" and Legends, Wisdom, and Philosophical Literature, Prayers, Psalms and Odes, Fragments of Lost Judeo-Hellenistic Works. New Haven; Londres: Yale University Press, 1985, v. 2, p. 40.

do vinho. A celebração e o louvor são comunitários, e o vinho é o símbolo da alegria da libertação e da adoração obediente ao Senhor, o redentor do povo.

No entanto, ainda que o testemunho desse livro seja interessante, historicamente, a mais importante contribuição para a inclusão do vinho na celebração da Páscoa está na Mishná, que nos oferece a mais completa descrição da celebração da Páscoa do primeiro século. No que se refere à liturgia, a Mishná afirma que quatro taças de vinho marcavam a liturgia da celebração (*Mishnah Pesachim* 10).

- A primeira taça de vinho abriria a cerimônia e seria seguida de uma oração de gratidão pelo dia e pelo vinho: "Os atendentes serviam o vinho da primeira taça para o líder do seder. Beit Shammai diz: Um recita a bênção sobre a santificação do dia, ou seja, o *kiddush* para o Festival: Quem abençoa Israel e os Festivais, e depois ele recita a bênção sobre o vinho: Quem cria o fruto da videira. E Beit Hillel diz: A pessoa recita a bênção sobre o vinho e depois recita a bênção durante o dia" (10:2). A primeira parte do jantar consistia em uma entrada servida com salada, ervas amargas e o *haroseth* (uma mistura de frutas e vinagre).
- A segunda parte da celebração era iniciada com mais uma taça de vinho seguida por uma oração feita pelo anfitrião em gratidão pelo pão sem fermento. Esse seria servido com o prato principal do jantar, que consistia no cordeiro acompanhado de ervas amargas e um purê de frutas. A tradição judaica descreve essa parte como o partir do pão (*yachatz*). Além disso, era nesse momento que se iniciava a rememoração do êxodo, um momento em que os pais ensinariam a seus filhos a história da libertação do Egito: "Os atendentes serviam a segunda taça de vinho para o líder do seder, e aqui o filho faz perguntas ao pai sobre as diferenças entre a noite de Pessach e uma noite normal. E se o filho não tem inteligência para fazer perguntas por conta própria, o pai lhe ensina as perguntas"

(10:3). A segunda taça de vinho iniciava o aspecto memorial e teológico da liturgia (10:4-6), no qual lia-se o *Haggadah*, a narrativa do Êxodo, e cantava-se a primeira parte dos salmos de Hallel (Sl 113—114): "Neste ponto, recita-se o hallel que é dito em todos os dias alegres" (10:5). É nessa parte da celebração que os rabis recomendam explicar a respeito dos alimentos da celebração.

- Após cearem juntos, o anfitrião iniciaria a terceira parte da refeição com mais uma taça de vinho, conhecido como "vinho da bênção", seguido de uma oração de gratidão: "Eles serviam para o líder do seder a terceira taça de vinho, e ele recita a bênção sobre sua comida" (10:7). Em alguns casos, nessa parte servia-se a sobremesa e cantava-se a segunda parte do Hallel (Sl 115—118).
- O encerramento do jantar dava-se com a celebração da última taça de vinho, conhecido como vinho da consumação, que era comumente acompanhada de um hino: "Em seguida, eles servem a ele a quarta taça de vinho. Ele termina o Hallel, pois já recitou a primeira parte do Hallel antes da refeição. E ele também recita a bênção da canção no final do Hallel sobre o quarto cálice" (10:7). Para terminar a celebração, os judeus comeriam o cordeiro pascal com *afikomen* (10:8).

Esse ritual era de tão grande importância que até mesmo as pessoas mais pobres deveriam participar dele. Isso era fundamental para rememorar o êxodo em Israel, de modo que os mais abastados faziam provisões financeiras para aqueles que não tinham condições de participar: "E os distribuidores de caridade não devem dar a uma pessoa pobre menos de quatro taças de vinho para a refeição festiva da noite da Páscoa" (10:1).

Contudo, isso não significa que essas eram as únicas taças consumidas, pois a Mishná recomendava que se bebesse livremente o vinho entre as primeiras três taças, mas não depois da terceira: "Durante o período entre essas taças, isto é, as três primeiras taças estabelecidas pelos Sábios, se alguém desejar beber mais, pode beber; porém, entre o terceiro copo e o quarto copo não se deve beber" (10:7). Como fica evidente, o desenvolvimento da celebração da Páscoa na Mishná manteve os aspectos memoriais, mas desenvolveu os elementos litúrgicos e os centralizou nas quatro taças de vinho. Desse modo, nos dias de Jesus, a celebração da Páscoa incluía o partir do pão e as bênçãos associadas ao vinho como símbolo da redenção oferecida por Deus no êxodo.

Considerando esse pano de fundo histórico e conceitual da Páscoa no primeiro século, fica evidente que os evangelistas têm interesse em demonstrar que essa celebração também foi ressignificada por Cristo. Embora pudesse ter celebrado a Páscoa nos moldes apresentados na Escritura, ou seja, seguindo os detalhes da instituição (Êx 12:1–13:16) ou da celebração da Páscoa (Dt 16:1-8; cf. 2Rs 23:21-23; 2Cr 30:1-27), Jesus optou por utilizar a tradição judaica da celebração da Páscoa e fazer do vinho o elemento central em sua celebração. Em outras palavras, partindo do modelo de celebração da Páscoa definida pelo judaísmo do primeiro século, nosso Senhor firmou sua aliança com os discípulos a partir da presença e do uso de vinho.[28]

Como podemos saber que Jesus celebrou a Páscoa nos moldes da tradição rabínica? Embora essa afirmação não esteja explícita no texto dos Evangelhos, pode ser depreendida em alguns detalhes das narrativas sinóticas. Em Marcos e Mateus, parece claro que a Ceia do Senhor tenha sido uma refeição pascal: "No primeiro dia da festa dos pães sem fermento, quando se costumava sacrificar o cordeiro pascal, os discípulos de Jesus lhe perguntaram: 'Onde queres que vamos e te preparemos a refeição da Páscoa?'" (Mc 14:12; cf. Mt 26:17). Lucas apresenta um cenário semelhante, mas demonstra que o próprio Senhor entendia essa celebração como uma Páscoa: "Desejei ansiosamente comer esta Páscoa com vocês antes de sofrer" (Lc 22:15). Além disso, os evangelistas apresentam alguns detalhes que confirmam que a celebração seguia o modelo rabínico:

---

[28] BOCK, Darrell. *Jesus according to the Scriptures*: Restoring the Portrait from the Gospels. Grand Rapids: Baker Academic, 2002. p. 359.

1. O retorno à noite para Jerusalém (Mt 26:20; Mc 14:17) corresponde ao costume descrito na literatura rabínica. Os judeus costumavam fazer as refeições mais cedo, diferente do que acontecia na celebração da Páscoa;
2. A menção ao fato de que os participantes estavam reclinados à mesa enquanto comiam (Mt 26:21; Mc 14:18) é semelhante ao costume da celebração pascal do primeiro século;
3. O "partir do pão" normalmente se refere a uma refeição, e apenas na celebração da Páscoa era servida uma entrada antes do pão (Mt 26:26; Mc 14:22);
4. A presença do vinho parece reforçar o caráter celebratório da ocasião (Mt 26:27; Mc 14:23). Além disso, deve-se notar que Cristo interpreta os elementos da ceia de modo similar ao que acontece na celebração judaica da Páscoa;
5. Por fim, a narrativa do evento se encerra com os discípulos cantando um hino (Mt 26:30; Mc 14:26), como era costume fazer na celebração convencional da ceia judaica.

Considerando essas "coincidências", é possível sugerir que a celebração da Páscoa realizada por Cristo tenha acontecido nos moldes da tradição rabínica. Reforça essa conclusão o uso litúrgico do vinho, apresentado duas vezes no texto: "Recebendo um cálice, ele deu graças e disse: 'Tomem isto e partilhem uns com os outros [...]'. Da mesma forma, depois da ceia, tomou o cálice, dizendo: 'Este cálice é a nova aliança no meu sangue, derramado em favor de vocês'" (Lc 22:17,20). A repetição de "cálice" no texto é exclusiva de Lucas, e nos ajuda a compreender o cenário da celebração. A primeira taça mencionada pode indicar o costume judaico que inicia a celebração da Páscoa, ou até mesmo uma celebração iniciada. Já a segunda menção se assemelha à terceira taça da celebração judaica.[29] Tomados em conjunto, os detalhes apresentados acima demonstram que Jesus celebrou a Páscoa de acordo com os costumes culturais judaicos expressos na literatura e na tradição judaicas.

---

[29] GREEN, *The Gospel of Luke*, p. 761.

Nesse contexto, chama a atenção o dito de Jesus: "Isto é o meu sangue da aliança, que é derramado em favor de muitos" (Mc 14:24; cf. Mt 26:27-28; Lc 22:17). Essa declaração parece aludir de modo indireto ao dito mosaico na ocasião do estabelecimento da aliança: "Este é o sangue da aliança que o Senhor fez com vocês de acordo com todas essas palavras" (Êx 24:8). Contudo, uma diferença importante emerge quando lemos Jesus e Moisés lado a lado: enquanto Moisés fala sobre o sangue do cordeiro que *foi* morto, Jesus fala do vinho como símbolo do Cordeiro que *será* morto. Ao que parece, Jesus fez do vinho um símbolo de seu sacrifício iminente, um memorial do seu sangue derramado. Considerando o tema do novo êxodo, fortemente presente na ceia, essa similaridade não é acidental.[30]

Considerando que não se usava suco de uva nas celebrações judaicas do primeiro século,[31] dificilmente alguém poderia dizer que tal vinho fosse algum tipo de bebida não alcoólica. A literatura rabínica distinguia o vinho novo (*tirosh*) do maturado (*yayin*) e, na descrição da Páscoa na Mishná e no Talmude, os rabis são claros em afirmar que eram usadas quatro taças de *yayin*. Portanto, na completa ausência de tal distinção no texto dos Evangelhos, parece-nos que a conclusão mais simples é a de que a bebida utilizada pelo nosso Senhor tenha sido um vinho comum, ou seja, alcoólico.[32]

Isso é confirmado quando consideramos a expressão que os evangelistas usaram para descrever o vinho, a saber, *genēmatos tēs ampelou* (Mt 26:29; Mc 14:25; Lc 22:18). Essa expressão, usada de modo unânime entre eles, é normalmente traduzida por "fruto da vide" e, por isso, alguns entendem que se referia a uma bebida não alcoólica.[33] Tal proposição, entretanto, remove o uso dessa

---

30 LANE, William L. *The Gospel of Mark*: The New International Commentary on the New Testament. Grand Rapids: Eerdmans, 1974. p. 507.

31 HURTADO, Larry W. *Mark*: Understanding the Bible Commentary Series. Grand Rapids: Baker, 2011. p. 239.

32 MARCUS, Joel. *Mark 8–16*: A New Translation with Introduction and Commentary. Anchor Yale Bible. New Haven; Londres: Yale University Press, 2009, v. 27a. p. 957-8.

33 ROBERTSON, A. T. *Word Pictures in the New Testament*: Lk 22:18. Nashville: Broadman, 1933; RYRIE, Charles Caldwell. *Basic Theology*: A Popular Systematic Guide to Understanding Biblical Truth. Chicago: Moody, 1999. p. 492.

expressão do contexto judaico. Devemos lembrar que essa é uma expressão idiomática conhecida desde os dias da Septuaginta (a tradução grega do AT, circulante nos dias de Jesus) como referência ao vinho.[34] Além disso, no judaísmo primitivo, "fruto da vide" era uma referência específica ao vinho, como vemos nas orações ensinadas pelos rabis: "Que bênção alguém recita sobre a colheita? Sobre o fruto de uma árvore, ele diz: 'Bendito sejas tu, ó Senhor, nosso Deus, Rei do Universo Criador do fruto da árvore', exceto para o vinho. Sobre o vinho, ele diz: 'Criador do fruto da vide'" (*Mishnah Berakot* [Tratados das bênçãos] 6:1).[35] Para os judeus do primeiro século, o vinho é o fruto da vide, a bebida que fazia parte da celebração da Páscoa (*Bavli Pesahim* 102–103).[36] Em outras palavras, a expressão utilizada pelos evangelistas torna claro o fato de que nosso Senhor celebrou sua ceia com vinho, e fez dele um símbolo do seu sacrifício e a marca da nova aliança.

CONCLUSÃO

Embora Cristo tivesse muitos pontos de contraste e oposição em relação ao judaísmo primitivo, ele não o tinha em relação ao vinho ou ao lugar do vinho na vida social, muito menos em sua função religiosa. Ao contrário, ele mesmo estabeleceu o vinho como símbolo de sua aliança com os discípulos. Ele optou por celebrar sua ceia nos moldes do judaísmo primitivo, e fez do vinho elemento central

---

34 DAVIES, W. D.; ALLISON JR. Dale C. *A Critical and Exegetical Commentary on the Gospel according to Saint Matthew*: International Critical Commentary. Londres; Nova York: T&T Clark International, 2004, v. 3. p. 476.

35 CARSON, D. A. "Matthew". In: LONGMAN III, Tremper; GARLAND, David E. *The Expositor's Bible Commentary*: Matthew-Mark. Edição revisada Grand Rapids: Zondervan, 2010, v. 9. p. 604; BLOMBERG, Craig. *Matthew*: The New American Commentary. Nashville: Broadman & Holman, 1992, v. 22. p. 391; EVANS, Craig A. *Mark 8:27–16:20*: Word Biblical Commentary. Dallas: Word Inc., 2001, v. 34b. p. 395; BOCK, Darrell L. *Luke: 9:51–24:53*: Baker Exegetical Commentary on the New Testament. Grand Rapids: Baker Academic, 1996, v. 2. p. 1724; HIGGINS, A. J. B. *The Lord's Supper in the New Testament*: Studies in Biblical Theology. Londres: SCM, 1952. p. 24.

36 FITZMYER, *The Gospel according to Luke X–XXIV*. p. 1398; NOLLAND, John. *Luke 18:35–24:53*: Word Biblical Commentary. Dallas: Word Inc., 1993, v. 35c. p. 1052; GOPPELT, Leonhard. "Πίνω, Πόμα, Πόσις, Ποτόν, Πότος, Ποτήριον, Καταπίνω, Ποτίζω". In: KITTEL, Gerhard; BROMILEY, Geoffrey W.; FRIEDRICH, Gerhard (orgs.). *Theological Dictionary of the New Testament*. Grand Rapids: Eerdmans, 1964. p. 153-4.

de seu memorial. Portanto, podemos dizer que Jesus está alinhado com o testemunho do AT, que entendia o vinho como uma dádiva, um bem a ser desfrutado na presença do Senhor, em celebrações comunitárias, festividades e na vida ordinária. Para Jesus, o vinho não era um problema, mas um presente divino para celebrar a vida.

Considerando tudo que vimos até aqui, podemos dizer que, de acordo com o testemunho da Escritura, a questão não é o vinho, mas a humanidade que não sabe aproveitá-lo e o transforma em vilão. O vinho, como sinal da bênção divina, foi consumido pelos hebreus do AT, com aprovação divina, e por nosso Senhor no NT, com a apreciação divina.

CAPÍTULO 4

O cristão pode beber vinho?

No início deste livro, apresentei quatro perspectivas principais sobre a relação entre o cristão e o vinho: proibicionista, abstêmia, moderada e libertina. De pronto, descartamos a perspectiva libertina, pois é defendida por pessoas que não têm compromisso com o ensino da Escritura. Restaram-nos três a examinar.

Já mostrei diversas evidências textuais que refutam a leitura proibicionista. Depois de analisar várias passagens bíblicas, podemos dizer que, em nenhuma delas, encontramos proibição do consumo de bebida alcoólica, muito menos condenação ao seu uso. É evidente que a Escritura reprova com veemência o consumo excessivo, a embriaguez e o vício associado a esse tipo de bebida. No entanto, não encontramos nada que condene a ingestão de bebidas alcoólicas.

Assim, restam-nos duas perspectivas: a abstêmia e a moderada. Neste último capítulo, vamos discutir algo que abstêmios e moderados têm em comum: a sobriedade. Embora os defensores da abstinência e os da moderação concordem quanto aos perigos da embriaguez e ao poder viciante do álcool, eles discordam em como o cristão deve utilizá-los. Por isso, vamos examinar a abstinência e a sobriedade nas Escrituras.

ABSTINÊNCIA: UMA VIRTUDE A ADOTAR

De modo geral, a abstinência apresentada na Escritura diz respeito a uma decisão pessoal e voluntária de se abster temporariamente do consumo de bebidas alcoólicas em função de um voto, de uma função ou ainda de uma missão dada por Deus. Em todos os casos, a abstinência era uma proposta de devoção e obediência a Deus e de respeito ao próximo.

É necessário, antes, distinguir entre abstinência e *ascetismo*. Do ponto de vista prático, abstêmios e ascetas não consomem bebidas alcoólicas e, por essa razão, muitos os colocam na mesma categoria. Outros, sem perceber o equívoco, atribuem aos abstêmios os problemas e perigos do ascetismo. De maneira geral, a principal diferença entre essas duas posturas é que, enquanto a abstinência é ensinada pela Escritura, o ascetismo é condenado por ela.

O ascetismo sugere que a verdadeira espiritualidade é alcançada pela renúncia aos prazeres físicos. Trata-se de uma postura rigorosa que enfatiza em demasia a negação do corpo ou a mortificação das obras do corpo como uma forma de ascender espiritualmente. Para realizar esse processo de ascensão espiritual, os ascetas renunciam aos prazeres e, às vezes, até mesmo às necessidades como uma forma de crescimento espiritual. Embora existam diferentes tipos de renúncia feitas pelos ascetas, três são recorrentes: a comida (*jejum*), o vinho (*abstinência*) e o sexo (*celibato*).

Contudo, essa perspectiva é exatamente o oposto do ensino dos apóstolos. Na verdade, a mera "imposição de proibições externas não pode fazer nada para criar ou desenvolver nova vida internamente".[1] Paulo certamente ensinou de forma positiva a respeito do celibato (1Co 7:1-6), praticou o jejum (At 13:2; 27:33) e a abstinência de vinho (At 9:9), mas nunca instruiu a igreja na proibição do consumo de carnes e vinho ou até mesmo do casamento. Para ele, a verdadeira doutrina cristã não consistia na proibição dessas coisas (Cl 2:20-22), muito embora os cristãos pudessem se abster de todas elas (1Co 6:12-13). É por essa razão que Paulo condena o proibicionismo asceta, que visava promover crescimento espiritual por meio de mandamentos humanos:

> Todas essas coisas estão destinadas a perecer pelo uso, pois se baseiam em mandamentos e ensinos humanos. Essas regras

[1] BRUCE, F. F. *The Epistles to the Colossians, to Philemon, and to the Ephesians*: The New International Commentary on the New Testament. Grand Rapids: Eerdmans, 1984. p. 126.

> têm, de fato, aparência de sabedoria, com sua pretensa religiosidade, falsa humildade e severidade com o corpo, mas não têm valor algum para refrear os impulsos da carne. (Cl 2:22-23)

Para Paulo, não existe vitalidade espiritual autêntica num contexto de proibição mandatória de comida, vinho ou sexo. Na época, essas doutrinas eram ensinadas por homens hipócritas e mentirosos que seguiam "espíritos enganadores e doutrinas de demônios" (1Tm 4:1). Esses ensinos podiam até parecer religiosos ou humildes, mas não representam o ensino apostólico. Sobre esse tipo de perversão criada pelos falsos mestres, Paulo completa:

> Tais ensinamentos vêm de homens hipócritas e mentirosos, que têm a consciência cauterizada e proíbem o casamento e o consumo de alimentos que Deus criou para serem recebidos com ação de graças pelos que creem e conhecem a verdade. (1Tm 4:2-3)

Em outras palavras, esse tipo de proibição mandatória é uma forma de negação do ensino apostólico. Como servos de Jesus, temos de distinguir a diferença entre ascetismo e a verdadeira abstinência ensinada pela Escritura. É preciso abandonar qualquer forma de ascetismo em relação à bebida alcoólica e rejeitar proibições não fundamentadas na Escritura. Se fizermos isso, poderemos adotar a *abstinência voluntária* ensinada pela Bíblia.

Abstinência em virtude de um voto

No AT, a abstinência de bebidas alcoólicas poderia ser resultado de um ato de dedicação ao Senhor. Dois casos são claros exemplos: os nazireus (Nm 6:1-4) e os recabitas (Jr 35:1-15). Por ser mais significativo, abordaremos apenas o primeiro caso aqui.

Contextualmente, as prescrições do voto de nazireu completam o primeiro ciclo de preparação do povo de Israel, que se aventura rumo à terra prometida. Após a seção sobre as leis de purificação no acampamento, decorrentes de um ato de infidelidade individual, Moisés apresenta como os que não estão incluídos entre os sacerdotes podem se dedicar totalmente ao serviço do Senhor, um caminho de piedade, devoção e santidade:[2] o voto de nazireu. Esse voto não era mandatório, mas era aberto a homens e mulheres.[3] Votos de consagração a Deus eram um costume comum na vida de Israel. Tradicionalmente, consistiam na promessa de dar a Deus algo se ele ajudasse quem fez o voto. Entretanto, o voto de nazireu era especial (Lv 27:2; Nm 6:2). O termo hebraico traduzido por "especial" (*pala'*) tem o significado de algo excepcional e incomum (cf. Jz 13:19; Is 28:29), no qual a pessoa se entregava a Deus por um período.[4]

O voto do nazireu era especificamente de consagração. Os verbos usados para se referir a esse voto em Números 6:2 são apresentados de modo interessante pela Vulgata, a tradução latina da Bíblia: "*fecerit votum ut* sanctificentur *et se* voluerint *Domino* consecrare", literalmente, "fazer um voto para santificar e se quiser se consagrar a Deus". Em latim, a sentença evidencia a voluntariedade do voto, cujo alvo é a *santificação* (no sentido de "ser separado") e a *consagração* (no sentido de "servir"). O mesmo tipo de redundância é visto na tradução da Septuaginta: "*hos ean megalōs euxētai euchēn aphagnisasthai hagneian kyrio*", literalmente, "se alguém solenemente votar um grande voto para se santificar em pureza ao Senhor".

A redundância vista nessas traduções muito provavelmente corresponde a um jogo de palavras presente no texto hebraico. Os termos hebraicos *neder* (voto) e *nazir* (nazireu) sugerem as restrições e o tipo do voto.[5] Nesse contexto, *neder* poderia ser entendido positivamente como "devoção, compromisso", ao passo que *nazir* poderia denotar o sentido negativo de "restrição, abstinência e autonegação". O uso combinado dos termos em Números 6:2 parece

---

2 COLE, R. Dennis. *Numbers*: The New American Commentary. Nashville: Broadman & Holman, 2000, v. 3b. p. 119.

3 A menção a mulheres nessa passagem é impressionante, visto que grande parte da legislação do culto em Israel trazia apenas restrições às mulheres.

4 WENHAM, Gordon J. *Numbers*: An Introduction and Commentary. Tyndale Old Testament Commentaries. Downers Grove: InterVarsity, 1981, v. 4. p. 97.

5 COLE, *Numbers*, p. 119.

sugerir que o voto apresentado é um compromisso voluntário de autonegação e abstinência como demonstração de devoção e compromisso.[6] O rabino Jacob Milgrom sugere que o sentido da expressão é: "Apenas por meio da separação voluntária, ao se abster de determinados atos permitidos para todos os outros, a pessoa poderia ser separada para Deus".[7]

Sendo assim, homens e mulheres poderiam, por um período, se dedicar ao serviço ao Senhor seguindo restrições que eram mais específicas do que aquelas impostas aos sacerdotes. Enquanto o sacerdote era proibido de consumir vinho na tenda da congregação durante o serviço sagrado, o nazireu era proibido de bebê-lo em qualquer quantidade e em qualquer ocasião. A abstinência do voto de nazireu abrangia qualquer produto derivado da uva, bem como qualquer outra bebida alcoólica (Nm 6:3).[8]

O que vemos aqui é que o voto de abstinência de vinho era possível apenas pelo fato de o vinho ser permitido ao hebreu comum. No que se refere ao consumo do vinho em Israel no AT, parece evidente que a abstinência de vinho e bebidas alcoólicas era obrigatória apenas para aqueles que, voluntariamente, tomavam para si um voto de consagração e serviço.

Abstinência em virtude da missão

Na Escritura, encontramos três pessoas que seguiram a abstinência de vinho durante toda a vida: Sansão (Jz 13:3-5), Samuel (1Sm 1:11) e João Batista (Lc 1:5-25; 7:33). Melhor dizendo, os três foram chamados para viver uma vida de abstinência em função de sua missão, mas apenas dois parecem ter levado isso a sério.

Diferente do voto de nazireu, que era voluntário e temporal, o chamado desses homens por Deus consistia em serem abstêmios por toda a vida. Infelizmente, Sansão não cumpriu essa parte do seu chamado (Jz 14:10).

---

6 LEVINE, Baruch A. *Numbers 1–20*: A New Translation with Introduction and Commentary. Anchor Yale Bible. New Haven; Londres: Yale University Press, 2008, v. 4. p. 218-9.

7 MILGROM, Jacob. *Numbers*: The JPS Torah Commentary. Filadélfia: Jewish Publication Society, 1990. p. 44.

8 BUDD, Phillip J. *Numbers*. Word Biblical Commentary. Dallas: Word Inc., 1984, v. 5. p. 73.

No caso de João Batista, é interessante notar que, embora ele tenha sido abstêmio por toda a vida, a abstinência do vinho nunca fez parte de sua mensagem. Nem os evangelistas nem Jesus parecem ter entendido a abstinência de João como mandatória para os discípulos de Cristo. Sua abstinência era louvável, seu compromisso em mantê-la por toda a sua vida, exemplar. Mas era mandatória apenas para ele.

Abstinência em virtude da função

Lemos na Escritura duas funções em que a abstinência era necessária: o sacerdócio e o reinado.

O texto de Levítico 10:8-11 é interessante, pois, nele, o próprio Deus fala diretamente com Arão, sem a intervenção de Moisés: "Você e seus filhos não devem beber vinho nem outra bebida fermentada antes de entrar na Tenda do Encontro, senão vocês morrerão". Note que essa proibição específica e imediata foi dada diretamente a Arão e seus filhos, e não a todo o Israel; também não se aplicava à vida toda de Arão e de seus filhos, mas era restrita ao momento do serviço sacerdotal.

Entretanto, é importante notar que, apesar do caráter temporal dessa proibição divina, o texto define que tal mandamento era perpétuo entre os descendentes de Arão. Ou seja, embora Deus use uma proibição específica a respeito do vinho, ele a completa com uma proibição universal, que deveria ser mantida pelas gerações futuras. É nesse sentido que a lei da abstinência temporal no período do serviço no templo seria um estatuto perpétuo.

O sacerdote não era *proibido* de consumir vinho em todos os momentos da sua vida. Seu sustento provinha dos dízimos e ofertas do povo, que, além de alimento, incluíam o vinho. Desse modo, parece claro que a proibição divina quanto ao consumo de vinho por parte dos sacerdotes era restrita à *função sacerdotal*. Os sacerdotes da nação não poderiam ser homens embriagados nem viciados, como acabou acontecendo em Israel (Is 5:11-22; 22:12-14; 27:1-7; 56:10-12).

De modo similar, em Provérbios encontramos o seguinte conselho de uma mãe ao filho em posição de liderança: "Não convém aos reis, ó Lemuel; não convém aos reis beber vinho, não convém aos governantes desejar bebida fermentada" (Pv 31:4). A razão desses conselhos é que, uma vez embriagados, os reis incorrem no risco de não exercer sua função de modo justo e honesto. Nesse sentido, a intenção da mãe de Lemuel é alertá-lo a manter a sobriedade a fim de estabelecer a justiça no reino.[9] Desse modo, a embriaguez é apresentada como um inimigo da justiça real.[10]

Ainda que fosse feita uma leitura mais conservadora desse texto, afirmando que o rei deveria ser abstêmio por toda a vida, um fato continua claro: essa proibição não seria aplicada a todo o povo. Além disso, temos de observar que existe uma diferença muito clara entre o mandamento divino para o sacerdote durante sua ministração e o conselho de uma mãe a seu filho rei. Contudo, esses dois exemplos demonstram que a abstinência era recomendável àqueles que, no exercício de funções sacerdotais ou reais, precisassem manifestar julgamento sóbrio.

A abstinência era recomendável àqueles que, no exercício de funções sacerdotais ou reais, precisassem manisfestar julgamento sóbrio.

Definição de abstinência

Após observar os principais casos de abstinência apresentados na Escritura, podemos entender apropriadamente como ela a define.

- **Um compromisso voluntário**: A abstinência do vinho e de bebidas alcoólicas era voluntária, consistindo em um voto, um compromisso. O profeta Daniel, por exemplo, devido à situação em que se encontrava como cativo na Babilônia, evitou o consumo de bebidas fermentadas (Dn 1:8). Até onde sabemos, José não precisou tomar

---

9 GARRETT, Duane A. *Proverbs, Ecclesiastes, Song of Songs*: The New American Commentary. Nashville: Broadman & Holman, 1993, v. 14, p. 246.

10 MURPHY, Rowland E. *Proverbs*: Word Biblical Commentary. Dallas: Thomas Nelson, 1998, v. 22, p. 241.

a mesma decisão quando se viu em situação similar no Egito. Aliás, parece que ele teve problema em festejar com abundância de vinho (Gn 43:34). No caso de Daniel, a questão não era o vinho, mas *aquele* vinho, *naquele* momento. Em vez de aderir aos costumes irrefreados da corte, Daniel, voluntariamente, decidiu não se contaminar com ela. Ele serve como excelente exemplo para a virtude da autodisciplina.

- **Um compromisso temporal**: A abstinência de vinho era temporal. No que se refere ao sacerdote, restringia-se ao serviço sagrado no templo. No que se refere ao rei, limitava-se ao exercício público de sua função. No que se refere ao nazireu, vigorava durante o voto. Em nenhuma passagem do AT encontramos proibição do consumo de vinho e bebidas alcoólicas de modo permanente e absoluto para todos os filhos de Israel. Nem mesmo aqueles que haviam recebido tal proibição deveriam praticar abstinência absoluta, exceto os nazireus.
- **Um compromisso específico**: A abstinência do vinho e de bebidas alcoólicas acontecia em ocasiões específicas. Por exemplo, Daniel se fez abstêmio apenas durante os anos que passou como jovem na corte e, posteriormente, por três semanas (Dn 10:3). Nesse caso, não era um compromisso de vida, nem uma postura de prudência diante do modelo de vida proposto pela corte, mas tão somente um sinal temporário de sua tristeza.
- **Um compromisso de dedicação**: Em todos os casos de abstinência mencionados, um tema parece comum: *a dedicação ao Senhor.* O voto de nazireu não existia em Israel para promover uma dieta específica. Todos esses votos ocasionais tinham o mesmo propósito: dedicação ao Senhor.
- **Um compromisso vocacional:** O mesmo pode ser dito da abstinência vocacional de Samuel e João Batista: eles foram separados por Deus para uma missão. Seu chamado incluía a abstinência e, para se manterem fiéis ao seu

chamado, ambos observaram essa prática. De acordo com o ensino da Escritura, a abstinência voluntária para uma missão dada por Deus é uma atitude louvável e recomendada. Faz parte das disciplinas ensinadas de modo mais abrangente na Bíblia, tendo seu lugar (e necessidade) em nossos dias.

- **Um compromisso recomendável**: Por fim, temos de reconhecer que a própria existência de um voto especial de dedicação ao Senhor demonstra que tal postura era recomendável. Como um ato de dedicação a Deus, qualquer hebreu, homem ou mulher, poderia fazer um voto de nazireu. Pelo mesmo motivo, qualquer cristão, homem ou mulher, pode fazer um voto de abstinência. Além disso, a qualquer momento, tanto os hebreus como os cristãos poderiam fazer um voto vitalício de abstinência. Os exemplos de Samuel e João Batista demonstram que essa prática é louvável.

Com isso, compreendemos que a abstinência recomendada pela Escritura é voluntária, temporal, específica e vocacional, com o propósito de promover dedicação ao Senhor. Caso alguém entenda que tal abstinência deve ser vitalícia, como fizeram Samuel e João Batista, essa pessoa está agindo de acordo com a Escritura, desde que não imponha tal decisão pessoal aos outros. Essa pessoa deve entender que a abstinência não foi a postura de Cristo e, portanto, não deve fazer de sua vocação pessoal uma regra voltada a todos os irmãos.

A abstinência recomendada pela Escritura é voluntária, temporal, específica e vocacional, com o propósito de promover dedicação ao Senhor.

Dessa forma, afirmamos que qualquer regra eclesiástica que obrigue todo e qualquer cristão a se abster do consumo de vinho testifica a *invenção* de uma lei não dada por Deus e, com isso, valoriza a tradição humana, a despeito da Escritura. Sendo assim, ressalto que a abstinência ensinada pela Bíblia é louvável e recomendada, e que o proibicionismo deve ser abandonado.

MODERAÇÃO

Em nossa definição de moderação, consideraremos três virtudes-irmãs apresentadas na Escritura: sobriedade, autocontrole e domínio próprio. Os termos gregos utilizados no NT para descrevê-las são, em alguns casos, muito similares e nem sempre é possível traçar uma distinção muito clara entre eles. Nossa proposta, então, é classificar tematicamente a aplicação dessas virtudes, tentando, tanto quanto possível, distinguir as diferentes ênfases contextuais dos termos gregos.

Sobriedade

A sobriedade ensinada na Palavra não se refere apenas a uma vida marcada por ausência da embriaguez. Na verdade, ser sóbrio é ter a mente livre de influências negativas, sejam elas derivadas de ideias contrárias ao evangelho, sejam derivadas do excesso de vinho. Esse tipo de estado não afetado da mente cristã é o que chamamos de *sobriedade*. Muito embora os textos que nos ensinam a respeito da sobriedade não sejam todos relacionados à ausência da influência do vinho, todos podem ensinar algo sobre a bebida. Como aplicação dos princípios apresentados, vamos considerar o chamado à sobriedade, o desafio da sobriedade e a prática da sobriedade.

O apóstolo Paulo nos apresenta o *chamado da sobriedade* por meio de um contraste interessante entre dia e noite (1Ts 5:6-8; cf. 1Co 16:13; Cl 4:2). A novidade de vida no evangelho exige uma mudança de postura de quem saiu da morte para a vida, de quem foi transferido das trevas para a luz. Essa vida abundante que temos em Cristo Jesus é incompatível com a vida da noite, que é antagônica ao evangelho. Por essa razão, Paulo nos exorta a adotar a *sobriedade* como modo de vida: estar atento em vez de estar dormindo, estar sóbrio em vez de estar embriagado.[11]

---

[11] FEE, Gordon D. *The First and Second Letters to the Thessalonians*: The New International Commentary on the New Testament. Grand Rapids: Eerdmans, 2009. p. 194.

Em seu ensino aos tessalonicenses, Paulo inicia com a descrição da iminência da volta do Senhor. De acordo com o apóstolo, Jesus voltaria como "um ladrão na noite" (1Ts 5:2). Nesse contexto, tanto o sono como a embriaguez poderiam fazer com que as pessoas fossem surpreendidas com o retorno do nosso Senhor (v. 4). Desse modo, a urgência do chamado à sobriedade que Paulo apresenta reflete a correta resposta daquele que vive na luz. Os salvos em Cristo Jesus não podem seguir a vida da noite e da embriaguez, mas, ao contrário, devem buscar uma vida de vigilância e sobriedade (2Tm 2:25-26; Tt 2:2). Nossa perspectiva escatológica exige de nós uma postura oposta à da embriaguez. O salvo redimido por Cristo Jesus vive a ética do dia e, por isso, não se permite a embriaguez dos vícios da noite.

A vida de sobriedade do evangelho oferece dois desafios: prontidão e abrangência. O primeiro deles nos é claramente ensinado pelo apóstolo Pedro: "Portanto, estejam com a mente preparada, prontos para agir; estejam alertas e coloquem toda a esperança na graça que lhes será dada quando Jesus Cristo for revelado" (1Pe 1:13; cf. 2Tm 4:5). A imagem empregada por Pedro se refere ao antigo costume de se preparar para uma ação. Como os homens utilizavam túnicas longas, não era fácil se moverem rapidamente. Por isso, quando a velocidade era necessária, eles puxavam a ponta da túnica e a fixavam no cinto, liberando as pernas (cf. 1Rs 18:46; Lc 12:35). Uma tradução disso seria "arregaçar as mangas".[12] Nesse caso, a mente deveria estar preparada, ou seja, em estado de alerta ou sobriedade.

O segundo desafio da sobriedade pode ser visto na exortação de Paulo a Timóteo: "Você, porém, seja moderado em tudo, suporte os sofrimentos, faça a obra de um evangelista, cumpra plenamente o seu ministério" (2Tm 4:5). A expressão "moderado em tudo" traduz a frase grega *nēphe en pasin*, que significa algo como "sóbrio em todas as coisas". Nesse texto, parece claro que a sobriedade não

---

[12] CHARLES, Daryl J. "1 Peter". In: LONGMAN III, Tremper; GARLAND, David E. *The Expositor's Bible Commentary: Hebrews–Revelation*. Edição revisada. Grand Rapids: Zondervan, 2006, v. 13, p. 307-8.

é exclusivamente literal (não se embriagar), mas não exclui essa acepção.[13] Além disso, o uso da expressão *en pasin* tem um tom de ampla abrangência, e poderia ser traduzida por "em todas as situações e sob todas as circunstâncias".[14] Desse modo, a sobriedade, em todas as suas formas, deve ser a prática cristã em todas as ocasiões. A sobriedade não é um evento, mas uma característica da novidade de vida em Cristo.

A sobriedade não é um evento, mas uma característica da novidade de vida em Cristo.

A *prática da sobriedade* ensinada nas Escrituras exige constância: "O fim de todas as coisas está próximo. Portanto, sejam criteriosos e estejam alertas; dediquem-se à oração" (1Pe 4:7). Os dois imperativos usados pelo apóstolo Pedro em referência à sobriedade descrevem uma postura contínua diante do fim de todas as coisas.

O primeiro termo empregado por Pedro, "criteriosos", alude à habilidade e à capacidade de alguém em pensar e refletir de maneira adequada,[15] bem como uma postura de autocontrole, moderação e razoabilidade.[16] Adotar uma postura de raciocínio marcado por moderação é o exato oposto da sociedade dos dias de Pedro, que estava imersa em frivolidade, irracionalidade e indulgência dos apetites.[17] Uma característica fundamental do raciocínio moderado é sua capacidade de discernir a proporção adequada das coisas, distinguindo entre o essencial e o supérfluo. O indivíduo razoável e equilibrado não se deixa levar por falsas alegrias e entusiasmos passageiros, nem cede ao fanatismo desmedido ou à indiferença inconsequente. Desse modo, o cristão moderado e razoável, que entende a realidade escatológica da vida inaugurada pela ressurreição de Cristo, deve

---

[13] TOWNER, Philip H. *The Letters to Timothy and Titus*: The New International Commentary on the New Testament. Grand Rapids: Eerdmans, 2006. p. 606.

[14] KNIGHT, George W. *The Pastoral Epistles*: A Commentary on the Greek Text. New International Greek Testament Commentary. Grand Rapids; Carlisle: Eerdmans; Paternoster, 1992. p. 456-7.

[15] LOUW, Johannes P.; NIDA, Eugene Albert. *Greek-English Lexicon of the New Testament: Based on Semantic Domains*. Nova York: United Bible Societies, 1996. p. 351-2.

[16] ARNDT, William et al. *A Greek-English Lexicon of the New Testament and Other Early Christian Literature*. Chicago: University of Chicago Press, 2000. p. 986.

[17] CHARLES, *1 Peter*, p. 346.

considerar o tempo presente à luz da eternidade e, assim, enxergar as coisas em seu devido lugar e em sua devida proporção.[18]

A segunda postura empregada por Pedro reforça a necessidade de uma mentalidade sã, não corrompida pela embriaguez. A combinação de razoabilidade e sobriedade entre as virtudes apresentadas por Pedro demonstra que o cristão genuinamente ocupado com o reino deve controlar seus apetites e faculdades mentais.

Como podemos perceber, do mesmo modo que a embriaguez é apresentada na Escritura em associação a diversos tipos de vício, a sobriedade está associada a diferentes tipos de virtudes. Nesse texto, o apóstolo Pedro associa moderação, sobriedade e oração, virtudes do discípulo que entende a dimensão escatológica da experiência cristã. Como cristãos, não estamos neste mundo para usufruir os prazeres passageiros da vida. Então, devemos ter moderação quanto aos apetites da alma, razoabilidade em nossas faculdades mentais, sobriedade em nossa relação com o vinho e postura de oração em relação a Deus.

A sobriedade exigida por Pedro inclui um estado de alerta que prepare o cristão para enfrentar seu inimigo, o Diabo (Mt 13:38; Ef 4:27; 6:11). Desse modo, enxergamos a abrangência da proposta da sobriedade defendida por Pedro: por um lado, a expectativa escatológica deve colocar o cristão em um estado de dependência do Senhor, em oração. Por outro lado, a realidade da presença espiritual do Diabo deve levar o cristão a estar pronto para resistir firmemente na fé. Para o apóstolo Pedro, a proteção divina não exclui a aptidão mental e moral para um embate espiritual. Por isso a sobriedade é uma obrigação para o cristão.

Não existe dúvida de que Satanás, que veio para roubar, matar e destruir (Jo 10:10), tenha interesse em devorar como leão aqueles que não vivem sóbrios e vigilantes. Também não existem dúvidas de que a embriaguez é uma das formas pelas quais Satanás tem ceifado a vida de muitos e destruído muitas famílias. Dessa forma, não é exagero afirmar que a sobriedade não é apenas uma virtude;

---

18 BARCLAY, William. "The Letters of James and Peter". 3. ed. rev. e atual. In: *The New Daily Study Bible*. Louisville; Londres: Westminster John Knox Press, 2003. p. 290-1.

é também uma ferramenta na batalha espiritual contra Satanás (cf. 2Tm 2:25-26).

Autocontrole

Falando a respeito do evangelho da nossa salvação, Paulo diz:

> Porque a graça de Deus se manifestou salvadora a todos os homens. Ela nos ensina a renunciar à impiedade e às paixões mundanas e a viver de maneira sensata, justa e piedosa nesta era presente, enquanto aguardamos a bendita esperança: a gloriosa manifestação de nosso grande Deus e Salvador, Jesus Cristo. (Tt 2:11-13)

Observe os três aspectos da vida cristã que essa graça ensina:

1. a rejeição dos vícios da velha vida: "renunciar à impiedade e às paixões mundanas";
2. a adoção das virtudes da nova vida: "viver de maneira sensata, justa e piedosa nesta era presente";
3. e a expectativa da vinda de Cristo: "aguardamos a bendita esperança: a gloriosa manifestação de nosso grande Deus e Salvador, Jesus Cristo".

O termo usado por Paulo para se referir ao ensino da graça é *paideuō*, que significa "correção" (2Tm 2:25), "aprendizado" (1Tm 1:20), "educação" (At 22:3) ou até mesmo "disciplina" (1Co 11:32; Hb 12:6-7,10). O ensino da graça nos instrui e corrige em nosso modo de viver diante da oferta graciosa do evangelho.

As virtudes da nova vida proposta pelo evangelho são apresentadas por três adjetivos: sensata, justa e piedosa. Curiosamente, cada uma dessas virtudes tem a ver com um aspecto relacional do cristão: com Deus (piedade), com o próximo (justiça) e consigo mesmo (sensatez).[19]

O termo traduzido por "piedosa" é *eusebōs*, e descreve alguém devotado a Deus por meio da expressão de sua fé (2Tm 3:12). No contexto da carta de Paulo a Tito, *eusebōs* se refere ao exato oposto

---

[19] KNIGHT, *The Pastoral Epistles*, p. 320.

das impiedades que o apóstolo ensina a abandonar, apresentando um modo de vida marcado pelo padrão religioso de Deus (1Tm 6:11).

O termo traduzido por "justa" é *dikaiōs*, que descreve, em geral, as obrigações éticas e morais do cristão para com outras pessoas (1Ts 2:10), em clara oposição ao que é marcado ou movido pela injustiça. Aqueles que foram justificados devem exibir uma vida marcada pela justiça divina, seguindo o padrão correspondente (Lc 23:41; 1Co 15:34; 1Ts 2:10; 1Pe 2:23).

Por fim, o termo traduzido por "sensata" é *sōphronōs*. Nesse contexto, parece claro que a virtude referida está diretamente ligada ao próprio indivíduo. Nesse caso, o termo pode se referir a uma postura de moderação ou autocontrole. A opção da NVI por "sensatez" tem suas razões, mas não parece ser a melhor opção nesse contexto. Embora seja difícil distinguir entre *moderação* e *autocontrole* aqui, a ideia é que a graça salvadora nos ensina a adotar um modo de vida marcado pelo autocontrole, do qual a moderação é uma aplicação específica.[20]

Paulo parece deixar claro que o treinamento da graça, isto é, o ensino do evangelho, demonstra dois aspectos fundamentais: o abandono do que pertence ao mundo e a adoção do que pertence ao evangelho, o que inclui o autocontrole.[21] Essa virtude certamente abrange a relação do cristão com a bebida alcoólica; afinal, a embriaguez e o vício violariam a moderação e o domínio próprio. Uma pessoa cujo relacionamento com Deus e com os outros é definido pelo evangelho deveria viver em sobriedade e autocontrole. E, como a embriaguez é o oposto tanto da sobriedade como do autocontrole, parece claro que o ensino do evangelho é, ao mesmo tempo, contrário à embriaguez e a favor da sobriedade.

A expectativa apostólica é que o autocontrole seja adotado por todos os cristãos, incluindo os homens mais velhos da comunidade (Tt 2:2), as mulheres mais novas (1Tm 2:9,15) e os jovens (Tt 2:5-6).[22]

---

20 GREENLEE, J. Harold. *An Exegetical Summary of Titus and Philemon*. 2. ed. Dallas: SIL International, 2008. p. 68; TOWNER, *The Letters to Timothy and Titus*, p. 749.

21 ZERWICK, Max; GROSVENOR, Mary. *A Grammatical Analysis of the Greek New Testament*. Roma: Biblical Institute Press, 1974. p. 649.

22 MOUNCE, William D. *Pastoral Epistles*: Word Biblical Commentary. Dallas: Word Inc., 2000, v. 46. p. 409; LEA, Thomas D.; GRIFFIN, Hayne P. *1, 2 Timothy, Titus*: The New American Commentary. Nashville: Broadman & Holman, 1992, v. 34. p. 298.

Novamente, o vinho ou a bebida alcoólica não estão explicitados no texto, exceto no ensino dirigido especificamente aos homens mais velhos (Tt 2:2). Contudo, uma pessoa verdadeiramente moderada, que manifesta autocontrole em suas ideias e em seu comportamento, não será dominada pelo álcool, nem pela embriaguez, muito menos por vício ou dependência. Aquele que tem a virtude do autocontrole não será vencido pelo álcool e por seus efeitos, pois não se entrega ele. Sua postura moderada (beber pouco) se manifesta por seu autocontrole (não beber com frequência).

Como era esperado, os líderes eclesiásticos deveriam ser os responsáveis por demonstrar, na própria vida, a prática do autocontrole (Tt 1:8; 1Tm 3:2). Podemos dizer que o líder eclesiástico deve ser exemplar em sua sobriedade e moderação, ou ter autocontrole em todas as coisas, inclusive em sua relação com o álcool.

Domínio próprio

Os termos neotestamentários traduzidos por "domínio próprio" também são usados em contextos relacionados à sobriedade e ao autocontrole. Como veremos, da perspectiva da Escritura, o domínio próprio é uma virtude que tem origem em Deus e se desenvolve na vida cristã à medida que se cresce na fé em direção ao amor. Essa virtude deve ser visível na vida de todos os cristãos, mas exemplificada pelos líderes da igreja.

Em sua carta aos cristãos da região da Galácia, Paulo apresenta lado a lado as obras da carne (em grego, *sarx*) e o fruto do Espírito (em grego, *pneuma*; veja Gl 5:16-25). Sua proposta é demonstrar, de modo não exaustivo, o contraste entre aquilo que é produzido pela carne e aquilo que é produzido pelo Espírito. As implicações desse contraste são fundamentais para compreendermos a teologia de Paulo a respeito do vício da embriaguez e da virtude da sobriedade.

Antes de mais nada, é preciso lembrar que a tradução e o entendimento de *sarx* não são muito simples. Ao optar por traduzir *sarx* por "carne", incorremos no risco de "materializar" o sentido do termo grego. Como consequência, também corremos o risco de *espiritualizar* a ação do Espírito, contrapondo-a à materialidade do corpo. Esse tipo de abordagem minimizaria a proposta ética de Paulo.[23]

De modo geral, Paula usa o termo *sarx* com uma ampla gama de significados, geralmente associados a "fragilidade" ou "fraqueza". Quando o apóstolo se refere aos aspectos físicos da humanidade, *sarx* pode se referir ao que é perecível, mortal ou suscetível à aflição (1Co 15:50; 2Co 4:11; 7:5). Talvez o exemplo mais claro desse sentido seja a enfermidade de Paulo, caracterizada por ele como "fraqueza da *carne*" (Gl 4:13-14; cf. 2Co 12:7-9). Essa fragilidade também denota inadequação do ser humano em contraste com o divino (Gl 1:16; 2:20; cf. Fp 1:22-23). Nesse sentido, *sarx* também se refere à inabilidade humana quanto à salvação, de modo que "ninguém [nenhuma *carne*] será declarado justo" diante de Deus (Rm 3:20), nem tem o direito de se vangloriar diante dele (1Co 1:29).

Sarx também diz respeito à incapacidade humana, que tanto enfraquece a lei (Rm 8:3) como impossibilita os seres humanos de agradarem a Deus (Rm 8:8). O termo também pode se referir à esfera da operação do pecado (Rm 7:5,18,25), não apenas em termos morais, mas também em relação ao caráter defectivo ou destrutivo do pecado (Rm 2:28; 8:6). Como consequência, pode ser caracterizado como a fonte da hostilidade contra Deus (Rm 8:7; 13:14; Gl 5:24; 6:8).

Quando o termo *sarx* é entendido corretamente na perspectiva paulina, o contraste proposto entre as obras da carne e o fruto do Espírito fica mais claro. Não se trata de um dualismo entre a materialidade do corpo e a imaterialidade do Espírito, nem mesmo de um contraste entre a fisicalidade do ser humano e a espiritualidade de Deus. Ao contrário, Paulo contrasta as diferentes potências de *sarx* e *pneuma*.

> Ora, as obras da carne são manifestas: imoralidade sexual, impureza e libertinagem; idolatria e feitiçaria; ódio, discórdia, ciúmes, ira, egoísmo, dissensões, facções e inveja; embriaguez,

---

23 Para uma análise exegética desse dilema sob a perspectiva da carta como um todo, considere: FEE, Gordon D. *God's Empowering Presence*: The Holy Spirit in the Letters of Paul. Grand Rapids: Baker Academic, 2011. p. 367-471; LONGENECKER, Richard N. *Galatians*: Word Biblical Commentary. Dallas: Word Inc, 1990, v. 41. p. 248-67.

> orgias e coisas semelhantes. Eu os advirto, como antes já os adverti: Aqueles que praticam essas coisas não herdarão o Reino de Deus. Mas o fruto do Espírito é amor, alegria, paz, paciência, amabilidade, bondade, fidelidade, mansidão e domínio próprio. Contra essas coisas não há lei. (Gl 5:19-23)

A fragilidade humana possibilita uma coleção de vícios que incluem perversões nas áreas do sexo ("imoralidade sexual, impureza e libertinagem"), da adoração ("idolatria e feitiçaria"), dos relacionamentos humanos ("ódio, discórdia, ciúmes, ira, egoísmo, dissensões, facções e inveja") e dos prazeres ("embriaguez, orgias").[24] Por outro lado, o cristão empoderado pelo Espírito frutificará uma coleção de virtudes relacionadas a Deus ("amor, alegria, paz"), ao próximo ("paciência, amabilidade, bondade") e a si mesmo ("fidelidade, mansidão e domínio próprio").[25]

Contudo, tal contraste não deve nos levar a uma perspectiva passiva da vida cristã, como se o fruto do Espírito fosse produzido a despeito da vontade do cristão. O contraste oferecido por Paulo acontece em *inclusio*, em que a exortação e a conclusão correspondem ao correto procedimento cristão. Paulo exorta: "Vivam pelo Espírito, e de modo nenhum satisfarão os desejos da carne" (Gl 5:16). E convida: "Se vivemos pelo Espírito, andemos também pelo Espírito" (v. 25). O imperativo paulino para viver em conformidade com o Espírito é complementado pelo convite para andar por meio do Espírito, demonstrando que a decisão humana é necessária para se desfrutar a capacitação sobrenatural do Espírito Santo. Não se trata de uma postura de espera para ver o que o Espírito pode fazer, mas de uma dependência ativa de sua capacitação.

Desse modo, as obras da carne consistem em comportamento humano intencional que é impelido pela fragilidade humana, ao passo que o fruto do Espírito se refere às virtudes operadas pelo

---

24 FEE, *God's Empowering Presence*, p. 441.

25 STOTT, John R. W. *The Message of Galatians*: Only One Way. The Bible Speaks Today. Leicester; Downers Grove: InterVarsity, 1986. p. 148-9. Para uma organização similar do fruto do Espírito, considere: BETZ, Hans Dieter. *Galatians*: A Commentary on Paul's Letter to the Churches in Galatia. Hermeneia – a Critical and Historical Commentary on the Bible. Filadélfia: Fortress, 1979. p. 287-8.

poder do Espírito na vida do cristão que responde à exortação e ao convite apostólico de viver pelo Espírito. Apenas nesse sentido é que podemos compreender as obras da carne como vícios, e o fruto do Espírito como virtudes. Nesse contexto, podemos sugerir que as obras da carne pertencem à esfera da maldição humana, ao passo que o fruto do Espírito pertence à esfera da graça divina.

Entre as obras da carne, encontramos a embriaguez; o fruto do Espírito, por sua vez, contempla o domínio próprio.[26] O contraste proposto por Paulo deixa evidente que a embriaguez é uma maldição humana, ao passo que a sobriedade, motivada pelo domínio próprio, é um ato da confluência soberana da divindade e da disposição humana. No que se refere ao domínio próprio, não é possível limitar seu significado apenas a um aspecto dos muitos pecados que poderiam ser incluídos aqui.[27] Contextualmente, entretanto, sabemos que se refere, de forma direta, à imoralidade e à embriaguez, apresentadas entre as obras da carne listadas nos versículos anteriores.

Desse modo, podemos compreender que a embriaguez, como uma obra da carne, é um dos vícios impelidos pela fragilidade humana. Para Paulo, a embriaguez não é produzida pelo vinho, mas por uma disposição corrompida da vontade humana. O pecado da embriaguez não é externo ao indivíduo; muito pelo contrário, é uma fragilidade inerente à sua própria humanidade. Note também que a embriaguez pertence à esfera das atividades humanas, pois Paulo fala: "Aqueles que praticam essas coisas" (Gl 5:21b). Ou seja, trata-se de um ato da volição humana, uma decisão impelida pela fragilidade do ser humano.

Para Paulo, a embriaguez não é produzida pelo vinho, mas por uma disposição corrompida da vontade humana.

[26] FUNG, Ronald Y. K. *The Epistle to the Galatians*: The New International Commentary on the New Testament. Grand Rapids: Eerdmans, 1988. p. 262.

[27] SPURGEON, Charles. *Galatians*. Ed. de Elliot Ritzema. Spurgeon Commentary Series. Bellingham: Lexham Press, 2013. (Gl 5:23.)

Por essa razão, Paulo não propõe que a resposta à embriaguez seja proibir o vinho, mas o exercício do domínio próprio. Essa virtude é impelida pelo poder do Espírito Santo, de modo que o cristão capacitado pelo Espírito está apto a rejeitar, evitar e vencer a embriaguez em sua vida. A proposta de Paulo não é o ascetismo, que negaria à espiritualidade os aspectos físicos da existência humana; nem é, de modo algum, uma rejeição da materialidade do mundo em direção a uma espiritualidade desassociada do corpo.[28] Paulo, pelo contrário, estabelece que a vida cristã está relacionada ao uso correto do corpo, que, em função de sua fragilidade e disposição ao pecado, precisa ser capacitado pelo Espírito para abandonar a imoralidade e a embriaguez.

Em outras palavras, a ética paulina a respeito do vinho não é proibicionista; é *pneumática*. O domínio próprio impelido pelo Espírito Santo é a resposta correta ao vício da embriaguez. Ao identificar a fragilidade inerente ao ser humano, Paulo não limitou os estímulos externos para promover a ética cristã. Em vez disso, ao localizar o problema dentro do ser humano, Paulo entende que a solução adequada também deve vir de dentro. Contudo, diferentemente das éticas gregas ou do legalismo judaizante, Paulo afirma que o poder para refrear a embriaguez não advém da capacidade humana, de sua determinação ou da restrição de estímulos externos. Ao contrário, o domínio próprio ensinado por Paulo é impelido pelo próprio poder de Deus.

Definição de moderação

Com base no que lemos na Escritura, devemos notar que a aplicação do ensino apostólico ao conceito de moderação deve ter três implicações no contexto da relação do cristão moderado com a bebida.

- **A marca da sobriedade**: A moderação deve se manifestar na completa ausência da embriaguez. Aquele que opta pela moderação ensinada pela Escritura deve repudiar a embriaguez e evitá-la a todo custo. A pessoa que

---

[28] LÜHRMANN, Dieter. *A Continental Commentary*: Galatians. Minneapolis: Fortress, 1992. p. 112.

busca viver com moderação não pode ser alguém que bebe em excesso.

- **A marca do autocontrole**: A moderação deve evitar o vício. Em outras palavras, além de não beber além do limite da sobriedade, o cristão moderado também não bebe de modo recorrente. Por exemplo, alguém pode beber diariamente sem se embriagar. Isso não seria uma violação da sobriedade, mas representaria alguém que não tem controle sobre a bebida. Em outras palavras, o cristão verdadeiramente moderado não terá o hábito de beber todos os dias. Isso implica que o vício da bebida deve ser abandonado com a embriaguez. A pessoa que busca viver a moderação não pode ser alguém que bebe com frequência.
- **A marca do domínio próprio**: A moderação deve ser oposta a qualquer dependência. Isso significa que, além de evitar a embriaguez e o consumo recorrente de álcool, o cristão moderado não é dominado por ele. A distinção entre vício e dependência pode não ser tão clara, mas aqui sugiro que o vício é o consumo constante de álcool, dentro dos limites da sobriedade, ao passo que a dependência é o consumo frequente, dentro dos limites da embriaguez. Segundo essa definição, o dependente seria alguém que, com frequência, está embriagado. Essa pessoa não é alguém que ficou embriagado vez ou outra, nem alguém que bebe com frequência sem se embriagar, mas que bebe com frequência e está sempre embriagado. Por isso, sugiro que a pessoa que busca viver a moderação não pode ser alguém que bebe em excesso — caso da dependência – ou com frequência — caso do vício.

CONCLUSÃO

A resposta da Escritura à pergunta proposta no título deste capítulo é clara: o cristão pode consumir vinho somente se o fizer dentro dos limites da sobriedade. Como demonstramos, a sobriedade é mandatória para o cristão, e isso é testemunhado pela instrução do evangelho, pela manifestação do Espírito Santo na vida do cristão, em sua obediência ao ensino apostólico, como evidência do seu desenvolvimento e maturidade espirituais, pela vigilância escatológica e pela postura espiritual.

Considerando a sobriedade um imperativo da Escritura, é evidente que ninguém é obrigado a beber vinho nem a se sentir constrangido ou coagido a isso. Tomar vinho ou qualquer outra bebida alcoólica não é uma característica determinante da vida cristã, nem um elemento de sua essência, exceto talvez pela prática da ceia na igreja primitiva. É parte da liberdade cristã. Um cristão pode seguir os passos de Cristo e trilhar o caminho da moderação em sobriedade, autocontrole e domínio próprio. Outro cristão pode seguir os passos de João Batista e trilhar o caminho da abstinência. O que os cristãos não devem fazer é violar o ensino da Escritura e optar por uma postura de libertinagem, dada à embriaguez, ou de ascetismo, inclinado ao proibicionismo. A Escritura claramente condena os dois extremos.

Conclusão:
Um convite à sobriedade

Como mencionamos na introdução deste livro, a relação do cristão com as bebidas alcoólicas é um assunto polêmico e controvertido. São muitas as variantes culturais e muitos os desafios da sociedade contemporânea. Existem muitas histórias tristes sobre os problemas do alcoolismo e da embriaguez em nossos dias. Infelizmente, em função de nossa vida acelerada, poucas vezes temos condições de voltar para a Escritura e investigar com profundidade o que ela ensina sobre o assunto. Como ficou evidente neste livro, existe muita informação disponível na Palavra. Por isso, precisamos dar um último passo para responder à pergunta proposta no título: "O cristão pode beber?".

Quando afirmo que a moderação é a visão que mais se encaixa no ensino bíblico, considero três aspectos:

1. o reconhecimento do vinho como dádiva divina (Sl 104.14-15; Dt 7:12-14; 11:14-15; Lv 26:1-13);
2. o recebimento do vinho como dádiva divina (Ec 3:13; 5:19; 9:7; 10:19; Rt 2:14; 3:7; Ct 1:2; 4:10; 5:1; 7:9; 8:2);
3. o compromisso com a sobriedade diante da realidade dos perigos relacionados à indulgência (Gl 5:22-24; 1Ts 5:1-8; Cl 4:2; 1Tm 2:9,15; 2Tm 1:7; 2:25-26; 4:5; Tt 2:2,5-6; 2:11-13; 1Pe 1:13; 4:7; 2Pe 1:3-8).

Esses três conceitos, claramente ensinados pelas Escrituras, são recebidos apenas pelos moderados, já que os proibicionistas erram no ponto 1; os abstêmios evitam o ponto 2; e os libertinos pecam no ponto 3. Por isso, entendo que a moderação é a melhor alternativa que se encaixa nas evidências da Escritura. A liberdade cristã em desfrutar moderadamente o vinho é definida pela sobriedade. Desse modo, podemos experimentar o vinho como dádiva divina somente dentro dos limites da sobriedade e do domínio próprio, e concluímos que todo e qualquer uso de bebida alcoólica que viole a sobriedade cristã é uma forma reprovável de maldição humana, uma forma de libertinagem desprezível e condenável.

A Escritura claramente convida os santos a desfrutarem o vinho como dádiva divina dentro dos limites da sobriedade, da moderação e do domínio próprio. Sobriedade, porque a Escritura ensina a rejeitar a embriaguez. Autocontrole, porque a Escritura ensina a evitar o vício. Domínio próprio, porque a Escritura nos ensina a rejeitar a dependência. A Escritura também deixa muito claro que o propósito de Deus ao dar o vinho à humanidade é a alegria e a celebração (Sl 104:14-15). Desse modo, usá-lo de qualquer forma que viole o propósito divino é uma forma de maldição humana.

Resumindo, de acordo com a Escritura, a causa da embriaguez não é a bebida alcoólica, mas a intemperança, do mesmo modo que a causa do adultério não é o sexo (Gn 2:24-25; Pv 5:18; Ec 9:9), mas a falta de domínio próprio (Gl 5:22), e a glutonaria não é causada pela picanha, ou pelas carnes suculentas (Is 25:6), mas pelo apetite descontrolado (Fp 3:19; Tt 1:12).

Seria um grande equívoco sugerir que a solução mais prudente ao problema do adultério consiste na proibição do sexo (1Tm 4:3) ou na imposição do celibato (1Co 7:3-5). Isso significaria afirmar que o adultério nasce da dádiva divina do sexo, e não no coração do pecador. Mesmo que estatísticas e estudos apontem para os elevados índices de divórcio, adultério e doenças sexuais, nenhuma dessas informações faz com que o sexo deixe de ser uma dádiva divina. A bem da verdade, todos esses dados apenas demonstram os perigos do mau uso do sexo, e não do sexo em si.

Podemos dizer que o celibato é uma opção para o cristão, mas não uma prática a ser desenvolvida por todos os seguidores de Cristo. Embora Cristo tenha sido celibatário, ele não impôs isso a todos os seus seguidores. A proibição do casamento é um problema antigo do cristianismo, normalmente defendida por aqueles que se entendiam mais zelosos do que Deus, que criou o sexo para a sua glória. O casamento e o sexo são dádivas divinas

(Gn 1:27-28; 2:18-24), mas, dependendo do seu uso, podem ser uma maldição humana (Gn 4:19-20; Rm 1:24-32).

Seguindo o mesmo princípio, seria um grande equívoco sugerir que a alternativa mais prudente ao problema da glutonaria consiste em banir o churrasco ou estabelecer o jejum de carne (Rm 14:1-2). De acordo com as Escrituras, a picanha é uma dádiva de Deus (At 10:10-15), e a glutonaria é um problema do coração do pecador que come sem domínio próprio (Nm 11:4,34; Sl 106:14; Pv 28:7). Assim, ainda que as estatísticas apontem para os índices altos e crescentes de obesidade, e para os muitos casos de óbito relacionados a doenças decorrentes da má alimentação, isso nada revela sobre a picanha. Na verdade, todos esses dados apontam para as consequências do mau uso da picanha, e não para o consumo em si dessa carne.

Portanto, podemos concluir que um cristão pode escolher não comer carne, mas sabemos que abster-se disso não é uma virtude cristã. Embora João Batista tenha optado por uma dieta distinta das pessoas dos seus dias, sua postura louvável de não ingerir carne nunca foi mandatória aos seguidores de Cristo.

Do mesmo modo, seria um grande equívoco sugerir que a solução mais prudente para a embriaguez seja proibir a ingestão de bebidas alcoólicas. Fazer isso é atribuir à bênção de Deus o status de maldição humana. Sabemos, pelo testemunho da Escritura, que a embriaguez nasce no coração do pecador. Aliás, todos os estudos sobre os malefícios do álcool, bem como as estatísticas de tragédias e doenças provenientes do abuso de bebidas alcoólicas, nada falam sobre a bebida em si. Na verdade, os dados são testemunhos vivos dos problemas decorrentes do mau uso das bebidas.

Portanto, podemos sugerir que se abster do consumo de álcool é uma opção da liberdade cristã, mas não se constitui em virtude cristã por si só. Embora existam bons exemplos de abstêmios nas Escrituras, ninguém o fez por considerar as bebidas alcoólicas uma maldição. Historicamente, apenas os hereges da igreja primitiva optaram por esse caminho, adotando esse ensino humano nos primeiros séculos. Ascetas de alguns grupos sectários dos primeiros séculos quiseram ser mais santos que Deus.

Dessa forma, precisamos, com urgência, recuperar a prática do debate sobre a virtude do domínio próprio no contexto da embriaguez. Afinal, quando não identificamos o problema de maneira adequada, corremos o risco de propor soluções enganosas. Nesse sentido, a postura proibicionista tem sido uma solução enganosa apresentada pela igreja, um equívoco que precisa ser abordado com mais prudência.

Assim, podemos afirmar que a Escritura faz um convite à sobriedade e à moderação, sendo a abstinência apenas uma forma de preservar a sobriedade. De acordo com o testemunho geral da Escritura, a abstinência é uma decisão individual, ao passo que a sobriedade é uma virtude requerida de todos os cristãos. Embora as razões para a abstinência sejam muitas, ela não é mandatória. O que o Senhor espera de nós é sobriedade, moderação e domínio próprio.

Por isso, meu convite é que você abrace a visão da Escritura e defenda a sobriedade pela via da moderação ou da abstinência. Não desejo que você se torne um consumidor de bebidas, nem um propagador dessa liberdade cristã, mas que compreenda a Escritura com mais clareza, e que volte a ela para estudar o que apresentamos aqui. Nosso compromisso ético deve estar alicerçado no firme fundamento da Palavra inspirada, e nossa prática cristã deve ser modelada por seu ensino.

Portanto, quer você coma, quer jejue, quer você beba, quer se abstenha, meu desejo é que o faça para a glória de Deus (1Co 10:31). Vamos viver a sobriedade juntos, seja pela moderação, seja pela abstinência!

Soli Deo gloria!